SUPPORT FOR
YOUNG CARERS
IN LOCAL AUTHORITIES

自治体の
ヤングケアラー
支援

多部署間連携の事例から

つかむ支援の手がかり

［編著］

Uchio Akihiro
内尾彰宏

Hamashima Yoshie
濱島淑恵

第一法規

はじめに〜本書を手に取ってくださった方へ〜

　「ヤングケアラー」とは、本来大人が担うと想定されている家事や家族のケアを日常的に行っているこどもをいい、重い責任や負担を伴うケアを行うことにより、たとえば、勉強する時間、部活動に専念する時間、友達と遊ぶ時間といった、こども自身がやりたいこと、やるべきことへの時間が取れないなどといった問題があると指摘されている。

　厚生労働省では、文部科学省と連携の上、こども本人を対象とした実態調査を行うとともに、両省の副大臣を共同議長とするプロジェクトチームを設置して議論を行い、2021年5月、政府が今後取り組むべき施策を取りまとめた。これを踏まえ、ヤングケアラー支援の予算を確保した上で、自治体における取組支援、広報啓発、調査研究等、様々な施策を講じてきた。そして、2023年4月にこども家庭庁が設置されたことに伴い、ヤングケアラー支援の事務は、厚生労働省子ども家庭局からこども家庭庁支援局に移管された。

　最近では、マスコミ報道や支援者団体によるSNSでの発信等の影響もあって、ヤングケアラーが広く知られてきており、ヤングケアラーへの相談支援、ピアサポート、居場所づくりといった支援者団体での活動も活発に行われているほか、プロジェクトチームの方針や地方議会での議論等を踏まえ、自治体における支援も進んできていると感じている。

　その一方で、今なおヤングケアラーの存在や抱えている悩みが表面化しにくく、ヤングケアラー自身やその家族にも支援が必要であるとの自覚がないこと、また、支援が必要なヤングケアラーを把握できたとしても関係機関が連携した支援の体制整備が十分でないなどの課題がある。

　そこで、今回、ヤングケアラーやその家族に「近いところ」で関わり得る自治体の職員の方に、ヤングケアラー支援の必要性や国での取組の

方向性等について改めて認識していただくとともに、ヤングケアラーを早期に発見し支援につなげるための多部署間の連携の在り方について理解を深め、支援の手がかりをつかんでいただきたく、これまでの経験等から得た知見を記した。

　第1章では、2020年7月から2022年9月まで厚生労働省においてヤングケアラー支援に携わってきた筆者が、これまでの厚生労働省での取組、支援の必要性や方向性等について概説する。もとより、第1章での意見にわたる部分は、筆者の私見であることをあらかじめお断りさせていただく。第2章では、ヤングケアラーの研究・支援の第一人者である大阪公立大学現代システム科学研究科准教授の濱島淑恵氏により、ヤングケアラーを取り巻く状況をはじめ、兵庫県内小中学校・高校スクールソーシャルワーカーの黒光さおり氏、支援者団体「ふうせんの会」常務理事の南多恵子氏のご協力を得て、事例をもとにしたヤングケアラー支援の多部署間連携のポイント等について解説をしていただいた。なお、本書の企画は、複合的なケースでも組織を超えた部署間連携により住民サービスにつなげられる例を示したい、という第一法規株式会社の柄沢純子氏の熱い思いにより実現した。また、執筆に当たっては、一部、成蹊大学文学部教授の澁谷智子氏、こども家庭庁支援局の五十嵐広和氏及び同宮下信吾氏に的確な助言等をいただいた。深く感謝したい。

　本書が、自治体においてヤングケアラー支援に携わる職員の方はもちろん、教育関係、福祉関係その他のヤングケアラーに関わり得る多くの専門職の方の手元に届き、支援の輪を広げるための一助となれば幸いである。

2023年7月

内尾　彰宏

第 1 章

国の対策

第1節 ヤングケアラーとは

1 ヤングケアラーの定義等

（1）ヤングケアラーの定義

　ヤングケアラー支援の前提として、「ヤングケアラー」の定義を明らかにする必要があるが、現在のところ、我が国には法律上の定義はなく[1]、各機関・団体ごとにヤングケアラーについて説明し、それが定義として用いられたり、あるいは、一部の自治体ではケアラー支援の条例を制定し、その中でヤングケアラーを定義したりしている。

　たとえば、ケアラー支援に長年取り組んでいる一般社団法人日本ケアラー連盟（以下、「日本ケアラー連盟」という）では、ヤングケアラーについて「家族にケアを要する人がいる場合に、大人が担うようなケア責任を引き受け、家事や家族の世話、介護、感情面のサポートなどを行っている18歳未満の子ども」とし、あるいは、2020年3月に制定された、全国初のケアラー支援に関する条例である「埼玉県ケアラー支援条例」では、「高齢、身体上又は精神上の障害又は疾病等により援助を必要とする親族、友人その他の身近な人に対して、無償で介護、看護、日常生活上の世話その他の援助を提供する者」を「ケアラー」とし、そのうち、18歳未満の者を「ヤングケアラー」と定義している。埼玉県以外にも、現在、いくつかの自治体においてケアラー支援に関する条例が制

1　ヤングケアラー支援の先進国であるイギリスでは、ヤングケアラーは、「2014年子どもと家族に関する法律」第96条において「他の人のためにケアを提供している、または提供しようとしている、18歳未満の者（ただし、ケアが、契約に従って行われている場合、ボランティア活動として行われている場合は除く）」と定義される。

定されているが、ヤングケアラーの定義については、埼玉県とほぼ同様の規定が置かれているところが多い。

　一方、国では、こども家庭庁のホームページにおいて「本来大人が担うと想定されている家事や家族の世話などを日常的に行っているこども」とした上で、責任や負担の重さにより、学業や友人関係などに影響が出てしまうことがあると説明している[2]。ケアの対象や内容等について限定列挙せず、また「こども」の年齢にも言及せず、他の機関・団体等が規定・説明する範囲と比べて抽象的で広義に用いられているといえる。これは、ヤングケアラーの法律上の定義がない分、支援が始まったばかりのヤングケアラーの概念を狭める必要はなく、「自分もヤングケアラーかも」と思うこどもをなるべく救い上げたい、という思いの表れであろう。

　本章における「ヤングケアラー」の概念は、国が説明するものをイメージしている。

（2）ヤングケアラーの年齢

　進学や就職といった人生の転機を迎える18歳以上のケアラー、たとえば、大学に通いながら家族のケアを行う若者がヤングケアラーかどうか議論になることがある。

　児童福祉法（昭和22年法律第164号）に規定する「児童」とは「18歳に満たない者」であるし、民法（明治29年法律第89号）の定める成年年齢も20歳から18歳に引き下げられたことなどから「18歳以上は成人であるためヤングケアラーではない」という考え方もあろう。

　この点、国では、基本的には18歳未満を念頭に置いているものの、18

2　こども家庭庁 HP：https://www.cfa.go.jp/policies/young-carer/（最終閲覧日2023年 6 月30日）

歳以上のケアラーを明確にその対象から除外しているわけではない。

　後述する国の予算事業「ヤングケアラー支援体制強化事業」においては、実態調査や各種支援の対象に大学生を含めるなど、ある程度の年齢幅を持たせているし、2023年4月からは、これまで厚生労働省子ども家庭局が所管していた業務について、一部を除き、こども家庭庁に移管され、これに伴いヤングケアラー支援に関する事務についても同庁に移管されたが、こども家庭庁設置法（令和4年法律第75号）に規定する「こども」については、こども基本法（令和4年法律第77号）同様、「心身の発達の過程にある者」としており、条文上、法の適用対象となる「こども」に関し具体的な年齢を明記していない[3]。

　一方、18歳以上のケアラーについては、ヤングケアラーとは別の表現が用いられることもあり、たとえば、日本ケアラー連盟では、18歳からおおむね30代までを「若者ケアラー」としている[4]ほか、神戸市では20代を含めて「こども・若者ケアラー」として支援の対象としている[5]。

（3）ヤングケアラーが行うケアの内容

　こども家庭庁のホームページでは、「ヤングケアラーとは」として、ヤングケアラーの説明とともにケアの内容についてイラスト入りで例示している[6]（図表1）。

3　また、内閣官房こども家庭庁設立準備室では、2022年度全国児童福祉主管課長・児童相談所長会議資料1835頁において、こども家庭庁の今後のこども政策の基本理念として「こどもや家庭が抱える様々な複合する課題に対し、制度や組織による縦割りの壁、年齢の壁を克服した切れ目ない包括的な支援」を掲げ、こどもの支援に関し「18歳など特定の年齢で一律に区切ることなく、こどもや若者が円滑に社会生活を送ることができるようになるまで伴走」と明記している。

4　日本ケアラー連盟ヤングケアラープロジェクト HP：https://youngcarerpj.jimdofree.com/（最終閲覧日2023年6月30日）

5　神戸市 HP：http://www.city.kobe.lg.jp/a86732/kosodate/sodan/carer_helper.html（最終閲覧日2023年6月30日）

6　こども家庭庁 HP：https://www.cfa.go.jp/（最終閲覧日2023年6月30日）

図表 1　ヤングケアラーとは

障がいや病気のある家族に代わり、買い物・料理・掃除・洗濯などの家事をしている。

家族に代わり、幼いきょうだいの世話をしている。

障がいや病気のあるきょうだいの世話や見守りをしている。

目の離せない家族の見守りや声かけなどの気づかいをしている。

日本語が第一言語でない家族や障がいのある家族のために通訳をしている。

家計を支えるために労働をして、障がいや病気のある家族を助けている。

アルコール・薬物・ギャンブル問題を抱える家族に対応している。

がん・難病・精神疾患など慢性的な病気の家族の看病をしている。

障がいや病気のある家族の身の回りの世話をしている。

障がいや病気のある家族の入浴やトイレの介助をしている。

（出典）こども家庭庁ホームページより

　買い物、料理、洗濯、掃除といった毎日の家事、幼いきょうだいの世話、目の離せない家族の見守り、日本語を第一言語としない家族への通訳、入浴やトイレの介助といったもののほか、イラストにはないが、たとえば、経管栄養の管理や人工呼吸器を装着している場合の痰の吸引といった医療的ケア、落ち込んでいるときに元気づけたり、興奮する家族をなだめたりする感情的なサポートなどもヤングケアラーが行うケアであり、その内容は多岐にわたる。

　なお、国際的には、ヤングケアラーが行うケアについては、慢性的な病気や障害、精神的な問題、アルコールや薬物依存等を抱える家族へのケアとされ、たとえば障害や病気のない幼いきょうだいのケアは含まれていないようである。

　2020年度、子ども・子育て支援推進調査研究事業「ヤングケアラーの実態に関する調査研究」において設置された有識者からなる検討委員会においても、ヤングケアラーが行うケアに幼いきょうだいへのケアを含

むかどうかが議論となった。家族の病気や障害といったわかりやすい理由がなく、たとえば、親が仕事で不在であるために幼いきょうだいの面倒を見なければならないこどもをヤングケアラーと捉えることに疑問の声はあった。社会においても上の子が下の子の面倒をみることが一般に行われており、決して特別なことではないといった認識も広くあろう。しかし、幼いきょうだいへのケアの実態をみると、部活動や友達との時間と引き換えにした保育園の送り迎え、オムツ交換、着替え、仕事で帰りが遅い親に代わって食事をさせるなど、そのケアの程度や負担は、障害などを有する家族のケアと比べて決して軽いわけではないことから、これを一律に排除せず、幅広くヤングケアラーを支援するため、国では、幼いきょうだいのケアを行うこどもをヤングケアラーから除外することなく支援を進めている。

（4）「お手伝い」との違い

　ヤングケアラーが担うケアと「お手伝い」との違いについて問われることがある。筆者が厚生労働省在任中、「お手伝いをするこどもをなぜ行政が支援するのか」などと問われたことがあった。

　社会では、これまで、こどもが家族のケアをすることを「お手伝い」として捉えられ、家族で助け合うことが称賛されてきた。もちろん、「お手伝い」を通じて達成感が得られたり、あるいは感謝されたりすることでこどもが健やかに成長していくことがあることは否定しないし、こどもは家族へのケアを通じて、自尊心を持ち、家族との絆を強く感じることもあるだろう。

　ただし、この場合の「お手伝い」とは、こどもの年齢や成長の度合いを踏まえた上で「頑張ればできるようなこと」をいい、年齢に応じた成長の発達を度外視した負担をこどもが負うこととなった場合には、プラ

ス面よりもマイナス面の方が大きくなろう。

　ヤングケアラーが担うケアと「お手伝い」との違いについて議論される際、漠然とした「お手伝い」のイメージで捉えられ、こどもの年齢、ケアに費やす時間や負担の重さといったことまで具体的に踏み込んで議論されることは決して多くなかったのではなかろうか。ヤングケアラーが、誰からの支援も得られないまま、その年齢にしては重すぎるケアの責任や作業を長年にわたって担っていると、遅刻や欠席等の学校生活への影響が出たり、交友関係が希薄になって孤独を感じたり、自己肯定感が低くなったりと、その生活にマイナスの影響が出てきてしまうことなども指摘されている。

　大阪公立大学現代システム科学研究科准教授の濱島淑恵氏は、ヤングケアラーの場合の「お手伝い」との違いについて、①ケアを要する家族がいるという条件下で担っているという「状況の違い」、②担っていることの「内容、量（頻度や時間）の違い」、③ケアに対する「責任の度合いの違い」を挙げ、自分の健康や勉強より「お手伝い」が優先され、必ずしなければならず、他に選択肢がないということがヤングケアラーが担うケアであるとしている（濱島2021：160-164）。

　家庭における「お手伝い」とヤングケアラーが担うケアは、区別されるべきものであろう。

2 ｜ ヤングケアラーが生まれる社会的な構造

　こどもがケアを担わざるを得ない背景には、少子高齢化や核家族化の進展、共働き世帯の増加、家庭の経済状況の変化といったさまざまな要因があることが指摘されている。

　この点について、成蹊大学文学部教授の澁谷智子氏は、「人口ボーナ

ス」、「人口オーナス」という言葉を示しながら、社会の人口構成の変化に注意を促す。社会の総人口に占める15〜64歳の生産年齢人口の割合が高い「人口ボーナス」の時には、社会が支えなくてはいけない人口も少なく、日本では1950年代から70年代半ばのこうした状況が高度経済成長期を支えた。しかし、その後、少子高齢化が進む中で、日本は1990年代半ばに「人口オーナス」の時代に突入した。「人口オーナス」下では、総人口における「働く人」の割合が低く、支えなくてはいけない人が多い。ケアを要する人は増加しているにも関わらず、大人は経済的な事情等から働かざるを得ないために家庭にかける時間を減らし、結果としてこどもが家族を支えようとケアを担っている可能性がある（澁谷2022：12-27）。

　実際、1世帯当たりの人数は1950年代に比べて半分以下（1953年：5人→2020年：2.21人）になり、ひとり親世帯、特に、母子世帯はおよそ30年間で1.4倍（1988年：84.9万世帯→2021年119.5万世帯）[7]となるなど、家庭の人手はこの数十年で相当減っている。その一方、共働き世帯は1980年から40年あまりで倍以上（1980年：614万世帯→2021年：1247万世帯）となり、これまで家庭を支えてきた女性の労働市場への進出が進んでいる。

　さらに、日本の年齢人口において最も層の厚い「団塊の世代」が75歳を迎え始め、2022年から2025年にかけては毎年約200万人が75歳以上になると見込まれている。健康上の問題で日常生活を制限なく送れる健康寿命は、2019年に女性が75.38歳、男性が72.68歳と延びてきているものの、今後、介護や医療を必要とする者が増える可能性は高い。2020年以降5年ごとの人口増減率は、65歳以上の増加率の幅よりも、「現役世代」

7　なお、父子世帯数はおよそ30年間で0.9倍と微減している（1988年：17.3万世帯→2021年：14.9万世帯）。

の減少率の方が大きくなっていくと推計されている。2022年の出生数は、統計を取り始めた1899年以降初めて80万人を割り込んだ。

　このように、人口構成が変化し、家庭においてケアを要する人が増えているにも関わらず、ケアを担う人は減っている構造の中で、必然的にこどもをケアに向かわせる力が働き、それを止める力は働きにくい。こどもがケアを担ってくれると家族はありがたく思い、家族に感謝されるとこどもはもっと頑張ろうとする。そうして、こどもがケアを担わなければ家庭がうまく機能しない状態になってしまう。日々を過ごすことで精一杯のヤングケアラーやその家族が介護保険等福祉サービスの存在を知らないことも少なくない。

　ケアを要する人が増えていくことやこどもがケアを担うこと自体が悪いというつもりはないが、こどもが自分の生活を犠牲にしてまでケアを担うことのないよう、社会全体でこどもの負担を軽減する方法について考えていく必要があろう。

3 ｜ ヤングケアラーの見えにくさ

　ヤングケアラーは、社会から気づかれにくく、「見ようとしないと見えない存在」などと言われている。2020年度に児童虐待などに対応する要保護児童対策地域協議会（以下、「要対協」という）に対して行った調査によると、2019年度の登録ケースの中に「ヤングケアラーと思われるこども」が「０人」と回答した要対協が半数以上を占めていた一方で、2020年度及び2021年度に実施した、小学生から大学生までを対象とした国の実態調査では４～６％のこどもがケアをしている家族が「いる」と回答している。調査の中の「ヤングケアラーと思われるこども」と「ケアをしている家族がいると答えたこども」の概念が必ずしも一致

するわけではないが、学校のクラスの1、2人は「ケアをしている家族がいる」と答えていることを踏まえると、自治体においてヤングケアラーと思われるこどもが「いない」のではなく「見えていない」可能性も考えられよう。

　こども本人やその家族が、こどもがケアをする生活を当たり前と捉えていたり、こどもが相談したくても何が問題なのかうまく言語化できなかったり、家族について晒すことを恥ずかしいと感じたり、あるいは、相談しても何も変わらないと思って諦めたりと、家族へのケアについてこどもから発信することが難しい状況にあるといえる。人間関係の希薄化等から家庭内の状況は社会から見えにくく、こうした構造もヤングケアラーの見えにくさに影響しているかもしれない。

　ヤングケアラーが「見えにくい存在」であることを前提に、支援が必要である、あるいは支援を望んでいるヤングケアラーを早期に把握し、必要な支援につなげるため、国がどのような措置を講じてきたか、次節で述べることとする。

第**2**節　国におけるヤングケアラー支援に向けた取組

1 ┃ 実態調査等

　行政機関がある課題に対して施策を講じるためには、現状や課題を把握するための実態調査が欠かせない。そして、実態調査から見えてきた課題を整理して、その課題を解決するための施策を考え、その施策に予算措置が必要であれば、財政当局に対して予算を要求するが、その際にも、数字による裏付けのない「想像」に基づいて説明するのではなく、エビデンスに基づき、現状や課題を説明することが求められる。

　ヤングケアラーの実態調査については、日本ケアラー連盟ヤングケアラープロジェクトにおいて、自治体単位（新潟県南魚沼市、神奈川県藤沢市）で教育関係者を主とした調査や、研究者の調査レベルでこども本人への調査は行われていたものの、全国規模での調査は2017年度までなされておらず、国会で実態把握を含めヤングケアラーの支援の必要性が議論される[8]など対応が遅れがちになっていた。2019年 3 月、柴山文部科学大臣（当時）は、ヤングケアラーについて「新しい問題」との認識を表し[9]、このころから少しずつ国においてヤングケアラー支援に向けた取組が始まっていった。その第一歩となったのが国の実態調査であった。

8　第196回参議院厚生労働委員会会議録第17号39頁-41頁（2018年 5 月31日）ほか
9　第198回参議院予算委員会会議録第 4 号56頁（2019年 3 月 5 日）

（1）2018年度調査研究

　ヤングケアラーの全国の実態を把握するため、2018年度、子ども・子育て支援推進調査研究事業「ヤングケアラーの実態に関する調査研究」において、ヤングケアラーの存在を把握している可能性の高い、要対協に登録されているケースについて、初の全国調査を行った。

　その結果、2017年度に要対協において「要保護児童」、「要支援児童」又は「特定妊婦」のいずれかで登録されている約7万1,000件のケースのうち、「「ヤングケアラー」と思われるこどもが1人以上いる」ケースは約1,800件（約2.5％）であった。また、ヤングケアラーという概念を認識している要対協は27.6％にとどまり、そのうち、ヤングケアラーと思われるこどもの実態まで「把握している」のは34.2％にとどまることなどが明らかとなった。

　この調査は、要対協に登録されているケースを対象とした限定的なものであったが、要対協でのヤングケアラーの認知度は高くはなく、ヤングケアラーについて知っていてもその生活実態の詳細まで把握できていない状況がうかがえた。

　これら調査結果を踏まえ、厚生労働省では、「要保護児童対策地域協議会におけるヤングケアラーへの対応について」（2019年7月4日付け子家発0704第1号厚生労働省子ども家庭局家庭福祉課長通知）を発出し、市町村等に対して、ヤングケアラーの概念や実態について周知するとともに、ケアを行うことによりこどもの健やかな成長や生活への影響からネグレクトや心理的虐待に至っている場合があることに留意することや、学校・教育委員会、高齢者福祉、障害者福祉部局等の関係部署と連携を図り適切に対応するよう求めた。これが厚生労働省がヤングケアラーに関して初めて発出した通知である。

（2）2019年度調査研究

　2018年度調査を踏まえ、2019年度、子ども・子育て支援推進調査研究事業「ヤングケアラーの早期対応に関する研究」において、要対協への再調査のほか、要対協をはじめとするこどもと関わりのある関係機関等がヤングケアラーを早期に発見するためのアセスメントシート（案）を作成するとともに、支援に必要な視点や、アセスメントシートの活用方法、今後の取組の参考となる支援事例や研修プログラム等を整理したガイドライン（案）を作成した。

　これらについては、2020年6月、厚生労働省から都道府県等に情報提供し、ヤングケアラーの早期発見と支援への活用を依頼した。文部科学省においても、全国の教育委員会の生徒指導担当者向けの会議等において周知を図った。

（3）2020年度及び2021年度調査研究

　2018年度及び2019年度調査では、要対協に対して実態調査を行ったが、要対協においてケース登録されていなければ、ヤングケアラーのいる家庭を把握できず、実態に関する数値としては説明力に乏しかったため、より正確に実態を把握するためには、こども本人に調査を行う必要があった。

　そこで2020年度及び2021年度、子ども・子育て支援推進調査研究事業「ヤングケアラーの実態に関する調査研究」により、厚生労働省と文部科学省とが連携して、一部の学校の抽出ではあったが、全国の小学6年生、中学2年生、高校2年生及び大学3年生に対して調査を行った。

　その結果、ケアをしている家族が「いる」と回答したのは、小学6年生で6.5%、中学2年生で5.7%、高校2年生で4.1%、大学3年生で6.2%であった。

　そのうち、ケアを必要とする家族が誰なのかを聞いたところ、小学生から高校生までは「きょうだい」の割合が最も高く、その状況は「幼い」を理由とするものが最も高く、小学生では73.9％に上った。一方、大学生では「母親」の割合が最も高くなり、その状況は「精神疾患」を理由とするものが28.7％で最も高かった。

　ケアの頻度では、ケアの対象がきょうだいの場合、いずれの学校種でも「ほぼ毎日」が約 6 割、大学生では、父母のケアも「ほぼ毎日」が 5 割を超えた。平日 1 日当たりにケアに費やす時間については、「7 時間以上」と答えたこどもが 6 ～25％程度いた。学校に通うこどもの 1 日の生活を想像すれば、7 時間以上をケアに費やすとなると、相当な負担であり自分のための時間などほぼ確保できない状況にあるといえよう。

　また、家族のケアについて誰かに相談したことがあるか聞いたところ、いずれの学校種でも「ある」と答えたのは 2 ～ 3 割で、学年が低くなるにつれて「ある」の割合が低くなる傾向にあった。相談した経験が「ない」と答えたこどもに相談しない理由を尋ねたところ、いずれの学校種でも「誰かに相談するほどの悩みではない」が 5 割～ 7 割で高かったが、「相談しても状況が変わるとは思わない」、「誰に相談するのがよいかわからない」、「家族のことのため話しにくい」などといった回答も一定数見られた。

　さらに、世話のためにやりたいけれどできていないことがないか聞いたところ、いずれの学校種でも「特にない」が半数を超えたが、次いで「自分の時間がとれない」がいずれの学校種でも 2 割程度いた。

　調査結果の詳細は、各調査の実施機関の報告書を参照していただきたいが、家族をケアするこどもが 4 ～ 6 ％いて、その全てがヤングケアラーというわけではないものの、なかには誰にも相談しない、あるいは相談できないまま、自分のために費やすべき時間を家族のケアに充てて

いるヤングケアラーが一定数存在するという実態が明らかとなった。

　なお、この調査の事業名は「ヤングケアラーの実態に関する調査研究」であるが、ヤングケアラーがどのくらいいるかを示したものではなく、ケアをしている家族が「いる」こどもが行うケアの中には「お手伝い」の範囲のものも含まれている可能性はあるだろう。理屈の上では、「世話をしている家族がいるこども」の数から「世話のためにやりたいけどできていないことが「特にない」こども」の数を差し引くと、やりたいことを我慢して家族のケアをしているこども（≒ヤングケアラー）を算出することは可能だが、そんな単純な話ではない。世話のためにやりたいけどできていないことが「特にない」と答えたこどもが、本当の意味でやりたいことを犠牲にしていないといえるのか、ケアが生活の一部となっているこどもに対し、「ケアのためにやりたいけどできていないこと」を聞いても「特にない」との答えが返ってくることは容易に想像できる。

　ヤングケアラーかどうかは、ケアの内容やその頻度、ケアによる生活への影響等を丁寧に聞き取る必要があり、限られた設問によるアンケート調査によってその数を把握するには一定の限界があるといわざるを得ない。

　ただ、国が主導して全国規模の実態調査を行い、その結果が広く報道されたこともあり、ヤングケアラーの概念やその課題が社会の耳目を引き、自治体での実態調査を含めて支援が進んだ点を捉えると、本調査の意義は一定程度あったのだと思う。

　なお、調査の実施方法について、2020年度調査を行う際、文部科学省と調査対象について協議する中では、こどもへの負担を懸念し、学校や教育委員会のみに対する調査も検討されたが、こどもに過大な負担を掛けることのないようウェブ調査を行うなど、その方法に配意し、こども

本人への調査を実現させることができた。

2 「ヤングケアラーの支援に向けた福祉・介護・医療・教育の連携プロジェクトチーム」設置の背景及び報告書の概要

　ヤングケアラーは、年齢や成長の度合いに見合わない重い負担や責任を負うことで、本人の育ちや教育に影響があることから、早期に発見し必要な支援につなげる必要があるが、家庭内のデリケートな問題、あるいは、本人や家族に自覚がなく、支援が必要であっても表面化しにくい構造となっている。

　そこで、学校をはじめ、障害福祉、介護福祉、医療などヤングケアラーと関わり得る関係機関の連携をより一層推進し、アウトリーチによるヤングケアラー支援を行うための方策を検討するため、2021年3月、厚生労働副大臣と文部科学副大臣を共同議長とする「ヤングケアラーの支援に向けた福祉・介護・医療・教育の連携プロジェクトチーム」（以下「プロジェクトチーム」という。）を立ち上げた。そして、有識者、関係機関、支援者団体、元ヤングケアラー等へのヒアリングなど計4回にわたる会議を経て、同年5月、今後取り組むべき施策を報告書に取りまとめた。

　取組の柱は、①早期発見・把握、②支援策の推進、③社会的認知度の向上、の3点である。

（1）早期発見・把握

　支援が必要であっても表面化しにくいヤングケアラーに対しては、実態調査を通じて、あるいは、教職員、医療ソーシャルワーカー、介護支援専門員、相談支援専門員等がその業務を通じて、発見・把握すること

が期待されることから、国は、地域における実態調査を支援するとともに、ヤングケアラーを発見・把握しやすい立場にある関係機関職員や専門職へのヤングケアラーに係る研修を推進することが重要であるとされた。

　一方で、こどもの中には家庭の状況を知られることを恥ずかしいと思ったり、家族のケアをすることが生きがいになったりしている場合もあることに留意する必要があり、支援を行う際には、まずはしっかりとこどもの気持ちに寄り添い、支援が必要なのか、どのような支援がほしいのかなどについて聞き取ることも重要であると併せて明記されている。

（2）支援策の推進

　発見・把握したヤングケアラーに寄り添い、その負担を軽減し、こどもらしい生活を送ることができるようにするためには、既存の福祉サービスに適切につなげる必要があることから、国は、

- 各自治体が行う、支援者団体等を活用したピアサポート等の悩み相談を行う事業の支援の検討
- 高齢、障害、疾病、失業、生活困窮、ひとり親といった家庭の状況に応じたサービスにつなげられるよう、重層的支援体制整備事業による包括的な支援体制の整備の推進
- 多機関連携によるヤングケアラーの支援の在り方についてのマニュアルの作成
- 家族介護において、こどもを「介護力」とすることなく、居宅サービス等の利用について配意するなど、ヤングケアラーがケアする場合のその家族に対するアセスメントの留意点等について自治体へ周知

●幼いきょうだいをケアするヤングケアラーがいる家庭など困難な状況にある家庭に対する支援の在り方の検討

などを行う必要があるとされた。

（3）社会的認知度の向上

　周囲の大人がヤングケアラーについて理解を深め、家庭においてこどもが担っている家事や家族のケアの負担に気づき、必要な支援につなげるためには、具体的な支援メニューや窓口の周知と併せて、ヤングケアラーの社会的認知度を向上させることが重要である。

　そのため国では、2022年度から2024年度までの 3 年間をヤングケアラー認知度向上の「集中取組期間」とし、広報媒体の作成、全国フォーラム等の広報啓発イベントの開催等を通じて、社会全体のヤングケアラーの認知度を向上させる取組を推進することにより、プロジェクトチーム報告書が取りまとめられた時点で既に調査を行っていた中高生について、認知度を 5 割にすることを目指すこととされた[10]。

3 ｜ プロジェクトチーム報告書を踏まえた取組

　プロジェクトチーム報告書には、「世間受け」を狙うような施策、たとえば、ヤングケアラー専用相談窓口等の創設や法改正といったものは入っておらず、その方向性は、関係機関職員への研修や広報啓発活動によりヤングケアラーを把握して既存の福祉サービスにつなげるといった地味なものであったかもしれない。しかしそこには、自治体が施策を行

10　2020年度の実態調査において、中高生の 8 割以上がヤングケアラーについて「聞いたことがない」と回答。目標数値を定めたことから「集中取組期間」終了後、国は再び全国規模の実態調査を行い、その達成状況を検証すると思われる。

う上での（心理的なものも含めて）ハードルを上げることなく、スピード感を持って取り組むことができるようにしたいという思いが込められている。

　施策の中には、既存の支援制度の考え方を整理した通知を自治体に発出するといった、予算をかけずに措置できることもあったが、地域における実態調査や関係機関職員等への研修、自治体が行う相談等への支援、社会的認知度向上のための広報啓発等、自治体を支援する施策の多くは予算の確保が必要であった。この当時は、新型コロナウイルス感染症対策に優先的に予算が投じられ、予算の査定が厳しい状況であったが、関係機関との必要な調整を行い、2021年6月に閣議決定した「経済財政運営と改革の基本方針2021」（いわゆる骨太の方針）の中にヤングケアラー支援の記述を盛り込むことができた。骨太の方針とは、政府の重要課題や次年度の予算編成に向けた国の政策方針を示すものであるが、当該方針の中に「ヤングケアラーについて、早期発見・把握、相談支援など支援策の推進、社会的認知度の向上などに取り組む。」とプロジェクトチーム報告書に沿った内容が盛り込まれたのである。骨太の方針にヤングケアラーが明記されたのはこれが初めてであり、事実上、ヤングケアラー支援が政府の重要課題と位置づけられた。これにより、2021年度に審議される2022年度予算にヤングケアラー支援に関する施策を盛り込むための流れができたといえる。なお、翌年に閣議決定された「経済財政運営と改革の基本方針2022」においても「こどもの成長環境にかかわらず誰一人取り残すことなく健やかな成長を保障するため、（中略）ヤングケアラー、若年妊婦やひとり親世帯への支援、（中略）に取り組む。」と、引き続きヤングケアラー支援が記された。

　以後、プロジェクトチーム報告書を踏まえた国の施策を概説する。

予算関係 （2023年4月現在）

（1）ヤングケアラー支援体制強化事業

　プロジェクトチーム報告書のうち、主に自治体が行う「早期発見・把握」及び「支援策の推進」に係る施策に対して国が財政支援をするために新設したものが「ヤングケアラー支援体制強化事業」である。

　この事業は、①ヤングケアラー実態調査・研修推進事業と、②ヤングケアラー支援体制構築モデル事業に分類される。

①ヤングケアラー実態調査・研修推進事業

　ヤングケアラーを早期に発見して支援につなげるため、まずは、その実態を把握するための調査を行うこと及びヤングケアラーやその家族と接する機会のある関係機関・団体等の職員に対してヤングケアラーについて知ってもらうための研修を行うことがきわめて重要である。

　特に、実態調査については、ヤングケアラーを取り巻く現状の調査・分析を行い、見えてきた課題に対する施策を講じていくという点で、支援に踏み出す第一歩といえるが、加えて、こどもを含め社会に対してヤングケアラーに関する問題意識を喚起することも副次的な効果として期待できる[11]。

　自治体での実態調査については、たとえば埼玉県のように、国に先立ち、2020年7月から9月にかけ県内の高校2年生を対象に調査を行い、結果を踏まえ具体的な支援策を検討するなど、実態調査を皮切りに施策をスタートさせた先駆的な自治体がある一方、プロジェクトチーム報告書が示された後も実態調査を行う予定がないとする自治体も相当数あっ

11　実態調査の結果を公表してマスコミがこれを取り上げることで社会に対して問題意識を喚起できるものと思われるし、また、調査を通じてこども自身あるいはその友人がヤングケアラーであることに気づく（自覚する）きっかけになるといったことも考えられよう。

た[12]。

　また、教員、スクールカウンセラー、スクールソーシャルワーカーといった教育関係者をはじめ、介護支援専門員、相談支援専門員等ヤングケアラーやその家族と接する機会のある専門職が、ヤングケアラーの存在に気づき、必要に応じて支援につなげることが求められるところ、ヤングケアラーは、これら大人から「家族の面倒を見る良い子」と捉えられたり、あるいは介護の専門職から「介護力」と見なされたりするなど、支援の対象と捉えられていない状況も少なからず見られた。

　よって、自治体において、こども本人や学校等を通じて家族のケアを行うこどもの実態を把握するための調査を実施するとともに、ヤングケアラーやその家族と接する機会が多いと思われる関係機関・団体等職員がヤングケアラーの概念や発見の着眼点を学び、発見後のつなぎを含めて理解促進を図るための研修等を実施するため、2022年度に「ヤングケアラー実態調査・研修推進事業」を創設し、所定の補助基準額のもと、実地調査や研修に要する経費の 2 分の 1 に相当する額を国が負担することとした。

　さらに、この事業は、より一層の実施が必要であるとして、2023年度予算では、国の負担分を拡充し、国が 3 分の 2 に相当する額を負担することとなり、自治体に対して「ヤングケアラー支援に向けた実態調査の推進について（協力依頼）」[13]（2023年 3 月29日付け子家発0329第 1 号）を発出し実態調査の実施を促している。

12　NHK が2021年 6 月から 7 月にかけて47都道府県と20の指定都市に対し実態調査の予定の有無を調査したところ、約70%の自治体が「調査の予定がない」又は「調査したいが具体的に決まっていない」と回答していた。https://www.nhk.or.jp/shutoken/newsup/20210707yc_a01.html

13　通知の中で実態調査に関し都道府県と市町村の役割分担についての先駆的な取組について、「都道府県が区域内における広域的な概数を把握する実態調査を実施した上で、市町村では具体的な支援につなげるため、記名式の実態調査（アンケート方式）を行うといった例もある」とした上で、都道府県と市町村が相互に連携し調査を行うことが有効であるとしている。

②ヤングケアラー支援体制構築モデル事業

　支援が必要なヤングケアラーを把握し、必要な福祉サービスにつなげるためには、実態調査や関係機関・団体等職員によるアウトリーチ支援はもとより、ヤングケアラー自身による自発的な相談で把握する取組も考えられる。しかし、2020年度及び2021年度に行った実態調査によると、世話をしている家族がいると回答したこどものうち、世話について相談した経験が「ない」と回答したのがいずれの学校種でも 6 割を超え、支援を要するヤングケアラーが相談につながっていない状況がうかがえた。その一方で、学校や大人に助けてほしいことや必要な支援について「自分の今の状況を知ってほしい」、「進路や就職など将来の相談にのってほしい」と回答したこどもが 1 ～ 2 割程度見られたほか、国による実態調査のアンケートの自由記述においても相談窓口やヤングケアラー同士のコミュニティの設置を求める声も挙がっていた。

　自治体にヤングケアラー専用の相談窓口を設置することなども一定の効果はあると思われるが、2020年度及び2021年度調査において、ケアに関する相談先として「役所や保健センター」と答えたこどもは数％にとどまり、こどもにとって公的機関へ相談することは心理的なハードルが高いこともうかがえる。

　そこで、ヤングケアラーにとって、公的機関に代わる相談窓口として期待できる、ピアサポート等の悩み相談を行う支援者団体への支援や、ヤングケアラーがより気軽に悩みや経験を共有し合える新たな場所としてオンラインサロン（SNS や ICT 機器等も活用したもの）を行う支援者団体の設置運営を支援するとともに、そこで発見・把握したヤングケアラーを、高齢、障害、疾病、失業、生活困窮、ひとり親家庭等といった家庭の状況に応じ、適切な相談や支援につなげられるよう、自治体に関係機関（あるいは部内の関係部署）と支援者団体等とのつなぎ役とな

るコーディネーターを配置する取組をモデル事業として実施することとした。

　具体的には、2022年度に「ヤングケアラー支援体制構築モデル事業」を創設し、自治体が行う、①ヤングケアラー・コーディネーターの配置、②ピアサポート等相談支援体制の推進、③オンラインサロンの設置・運営に要する費用を支援するため、所定の補助基準額のもと、かかる経費の3分の2を国が負担することとした。

　さらに、2023年度は、2022年度に開始された前記①～③の取組に加え、④外国語対応が必要な家庭への通訳の派遣についても国による支援が行われている（図表2）。

図表2　ヤングケアラー支援体制強化事業（ヤングケアラー支援体制構築モデル事業）
〈児童虐待防止対策等総合支援事業費補助金〉令和5年度当初予算：208億円の内数（202億円の内数）

1．事業内容
地方自治体におけるヤングケアラーの支援体制の構築を支援するため、
・地方自治体に関係機関と民間支援団体等とのパイプ役となる「ヤングケアラー・コーディネーター」を配置し、ヤングケアラーを適切な福祉サービスや就労支援サービス等につなぐ機能を強化（コーディネーターの研修も含む）
・ピアサポート等の悩み相談を行う支援者団体への支援
・ヤングケアラー同士が悩みや経験を共有し合うオンラインサロンの設置運営・支援に財政支援を行う
・外国語対応が必要な家庭に対し、病院や行政手続における通訳派遣等を行う自治体への財政支援を行う【拡充】

2．補助額等　※下記事業のいずれかを実施した場合に補助

実施主体：都道府県、市区町村
負担割合：国 2/3、実施主体（自治体）1/3

（1）ヤングケアラー・コーディネーターの配置
①実施主体　都道府県、市区町村
②補助基準額　1都道府県、指定都市あたり　17,695千円
　　　　　　　1中核市・特別区あたり　11,314千円
　　　　　　　1市町村あたり　6,335千円

（2）ピアサポート等相談支援体制の推進
①実施主体　都道府県、市区町村
②補助基準額　1都道府県、指定都市あたり　7,433千円
　　　　　　　1中核市・特別区あたり　5,038千円
　　　　　　　1市町村あたり　2,596千円

（3）オンラインサロンの設置・運営、支援
①実施主体　都道府県、市区町村
②補助基準額　1都道府県、指定都市あたり　3,862千円
　　　　　　　1中核市・特別区あたり　2,627千円
　　　　　　　1市町村あたり　1,733千円

（4）外国語対応通訳派遣支援【拡充】
①実施主体　都道府県、市区町村
②補助基準額　1都道府県、指定都市あたり　7,920千円
　　　　　　　1中核市・特別区あたり　5,280千円
　　　　　　　1市町村あたり　2,640千円

3．事業イメージ

都道府県・市区町村
配置
ヤングケアラー・コーディネーター
地方自治体（福祉事務所等）に配置
把握・発見したヤングケアラーを適切な支援に繋ぐ

ピアサポート
当事者・支援者の民間団体が行う活動を支援
ヤングケアラーに寄り添い、必要な相談支援を行う

通訳派遣
外国語対応が必要な家庭への通訳派遣支援
ヤングケアラーに寄り添い、必要な相談支援を行う

オンラインサロン
地方自治体が自ら運営又はNPOや民間団体等が行う活動への支援
SNS・アプリ等を活用した集い・語りの場

ヤングケアラー

相談・支援　　支援　　相談・悩み共有

（出典）こども家庭庁「ヤングケアラー関連予算（令和5年度）」3頁

（2）市町村相談体制整備事業

　市町村は、こどもやその家族等の実情の把握、こどもに関する専門的な相談対応、そのために必要な調査、訪問等による継続的なソーシャルワーク業務などを行うことが求められており、これに必要な体制を整備するため、所定の補助基準額のもと、かかる経費の2分の1を国が負担する「市町村相談体制整備事業」を整備している。

　2023年度から、この事業のメニューに、学校等が把握し市町村の福祉部局等へつないだヤングケアラーの情報を一元的に集計・把握するとともに、ヤングケアラーのその後の生活改善までフォローアップする体制を整備する「ヤングケアラー支援事業」を追加し、市町村への支援を行っている。

（3）ヤングケアラー認知度向上のための広報啓発

　周囲の大人がヤングケアラーについて理解を深め、家庭においてこどもが担っている家事や家族のケアの負担に気づき、必要な支援につなげるためには、具体的な支援メニューや窓口の周知と併せて、ヤングケアラーの社会的認知度を向上させることが重要である。

　そこで、プロジェクトチーム報告書の中で、2022年度から2024年度までの3年間をヤングケアラー認知度向上の集中取組期間に据え、広報媒体の作成、全国フォーラム等の広報啓発イベントの開催等を通じて、社会全体のヤングケアラーの認知度を向上させる取組を推進している。先だって2021年度、厚生労働省でヤングケアラーに関する初めての広報啓発イベント「ヤングケアラーについて理解を深めるシンポジウム」を開催し、オンラインで配信するとともに、タレントと元ヤングケアラーとの対談動画の配信、ポスター、リーフレットの作成を行った。集中取組期間の初年度である2022年度は、ヤングケアラー同士のオンライン交流

イベント開催のほか、各種ラジオ配信、女優と元ヤングケアラーとの対談コンテンツ配信等を行った。

　これは、ヤングケアラーの社会的認知度向上が主たる目的であるが、わかりやすさを重視してヤングケアラーを「かわいそうなこども」、家族ケアを「悪いこと」と捉えられかねないような発信を避け、こどもが家族のケアをすることは本来価値のあることであり、本人にとってかけがえのない人生の一頁でもあり得ること、家族ケアの価値を認めつつ、過度な責任や負担により学業等に支障が生じたりすることがないよう、周囲の理解や社会的支援がなされることが重要であることなどを踏まえた丁寧な発信を心掛けた。

　自治体においても、工夫を凝らした広報啓発を行っているところ、国では、都道府県、指定都市又は児童相談所設置市に対し、ヤングケアラー認知度向上に係る広報啓発事業等を行った場合に所定の補助基準額のもと、かかる経費の 2 分の 1 を国が負担する「児童虐待防止等のための広報啓発事業」を整備している。

（4）ヤングケアラー相互ネットワーク形成推進事業

　ヤングケアラーの孤独・孤立を防ぎ、継続した相談・支援体制を構築するため、国は、2022年度から、民間団体等による全国規模のイベントやシンポジウムを開催し、地域ごとの当事者、支援者同士の交流を促し、ヤングケアラーの相互ネットワークの形成を図る事業を行っている。

　2022年度は、一般社団法人ヤングケアラー協会によるオンラインイベントが開催され、支援者団体の取組の紹介や座談会を行った。

（5）訪問支援事業

　国が行った実態調査では、幼いきょうだいをケアするこどもの割合が

高いことがわかり、そのケアの内容は、見守り、食事の準備といった家事、保育園の送迎等が多く、親に代わって幼いきょうだいをケアするこどもの姿が浮き彫りになっていた。こうした家庭に対しては、保育サービスに加え、家庭での家事や子育てを支援するサービスが必要である。

　そこで国は、家庭や養育環境を整え、ヤングケアラー等の家事・育児等の負担を軽減するため、2021年度補正予算において、市町村の訪問支援員が、家事・育児等に対して不安・負担を抱えた子育て家庭、ヤングケアラー等がいる家庭の居宅を訪問し、家庭が抱える不安や悩みを傾聴するとともに、家事・育児等の支援を実施する「子育て世帯訪問支援臨時特例事業」を行っている。これは、2023年度までの事業として、安心こども基金に計上しており、所定の補助基準額のもと、かかる経費の2分の1を国が負担するものであるが、生活保護世帯や住民税非課税世帯等には、利用者負担を軽減する措置を執っている。

　なお、本事業は、2022年の児童福祉法改正により、2024年度から、子育てに関する情報の提供、家事・養育に関する援助等を行う「子育て世帯訪問支援事業」として市町村が行う事業として制度上位置づけられることとなっている。

　また、こども食堂やこどもへの宅食等を行う民間団体等と連携して、食事の提供や学習支援等を通じたこどもの状況把握を行う「支援対象児童等見守り強化事業」は、所定の補助基準額のもと、かかる経費の3分の2を国が負担するものであるが、ヤングケアラーがいる家庭と関わりを持ち、見守りを行う上で有効な事業であると考える。

調査研究

（1）多機関・多職種連携によるヤングケアラー支援マニュアルの策定

　ひとり親、精神疾患、虐待、不登校、外国籍等家族の抱える課題が複

雑で複合化しやすい状況において、ヤングケアラーを早期に発見して支援につなぐためには、ヤングケアラーやその家族と関わる福祉、介護、医療、教育等に係る関係機関・団体が個別に機能するのではなく、お互いの業務を理解した上で、連携して取り組むことが重要である。

　しかし、どうしたらその存在に気づけるのか、発見した場合にどの機関に話を持って行き、どのように支援をしたらいいのかなどを関係機関・団体の職員が理解していなかったり、いわゆる「個人情報保護の壁」から必要な情報提供をためらったりと、各分野が一体となって取り組む難しさがこれまで指摘されてきた。

　また、地域の実情に応じて多機関連携がうまく機能している自治体があったとしても、その方法等が他の自治体に「横展開」されておらず、これまで、自治体等にヤングケアラーの認知から適切な機関への引継（情報提供を含む）、支援までの流れのノウハウが蓄積されていない状況であった。

　そのため、2021年度、子ども・子育て支援推進調査研究事業により、自治体や教員、介護支援専門員、医療ソーシャルワーカー等関係機関等に所属する専門職を対象とした調査を行い、支援の取組事例などを収集した上で、ヤングケアラー発見の着眼点や関係機関や専門職が連携して行う支援の内容をマニュアルに取りまとめた。

　マニュアルの詳細は、調査の実施機関の報告書を参照していただきたいが、特に、ヤングケアラーに関わる全ての支援者に知っておいてほしい、多機関が連携して支援を行う際の姿勢を「連携支援十か条」にまとめているので是非参考にしてほしい（図表 3 ）。第 1 条は、「ヤングケアラーが生じる背景を理解し、家族を責めることなく、家族全体が支援を必要としていることを各機関が理解すること」。これはヤングケアラー支援の理念といっていい。ヤングケアラーについて語るとき「親が悪

図表3　連携支援十か条

一	ヤングケアラーが生じる背景を理解し、家族を責めることなく、家族全体が支援を必要としていることを各機関が理解すること
二	緊急の場合を除いて、ヤングケアラー本人抜きで性急に家庭に支援を入れようとすることはせず、本人の意思を尊重して支援を進めることが重要であることを各機関が理解すること
三	ヤングケアラー本人や家族の想いを第一に考え、本人や家族が希望する支援は何か、利用しやすい支援は何かを、各機関が協力して検討すること
四	支援開始から切れ目なく、また、ヤングケアラー本人や家族の負担になるような状況確認が重複することもなく、支援が包括的に行われることを目指すこと
五	支援を主体的に進める者（機関）は誰か、押しつけ合いをせずに明らかにすること
六	支援を進める者（機関）も連携体制において協力する者（機関）も、すべての者（機関）が問題を自分事として捉えること
七	各機関や職種は、それぞれの役割、専門性、視点が異なることを理解し、共通した目標に向かって協力し合うこと
八	既存の制度やサービスで対応できない場合においても、インフォーマルな手段を含め、あらゆる方法を模索するとともに、必要な支援や体制の構築に向けて協力すること
九	ヤングケアラー本人や家族が支援を望まない場合でも、意思決定のためのサポートを忘れずに本人や家族を気にかけ、寄り添うことが重要であることを各機関が理解すること
十	円滑に効果的に連携した支援を行う事ができるよう、日頃から顔の見える関係作りを意識すること

（出典）厚生労働省 HP：https://www.mhlw.go.jp/content/000932685.pdf 令和3年度 子ども・子育て支援推進調査研究事業「多機関連携によるヤングケアラーへの支援の在り方に関する調査研究」多機関・多職種連携によるヤングケアラー支援マニュアル～ケアを担う子どもを地域で支えるために～令和4年3月有限責任監査法人トーマツ、9頁（最終閲覧日2023年6月30日）

い」などという声は聞こえてくるが、親自身も大きな困難を抱えている場合が多い。誰かを責めるのではなく、支援を押しつけるのでもなく、こどもの意思を尊重して、家族全体を支援することが重要である。マニュアルでは本人や家族の意思確認のポイントも示している。第7条

は、「各機関や職種は、それぞれの役割、専門性、視点が異なることを理解し、共通した目標に向かって協力し合うこと」。関係機関が連携することは総論として誰しも異論のないことであろうが、所掌事務も組織文化も異なる機関と共通認識を持って連携することは、思うほど容易ではない。マニュアルには、実際にどのように連携すれば良いのかヒントを示しており、支援機関の相関図や役割をまとめた一覧表を添付するなどして「どこの機関に何ができるか」をイメージできるようになっている。

　マニュアルは、自治体へ周知するとともにウェブサイトでも広く公表し、積極的な活用を呼びかけている。

（2）ヤングケアラー支援に係るアセスメントツール等の作成

　2019年度の調査研究において、ヤングケアラーを早期に発見するためのアセスメントシート（案）等を作成したが、2020年度に要対協に対して行った調査によると、当該アセスメントシートを「使用していない」との回答が9割を超え、また、プロジェクトチーム報告書では、要対協構成員のみならず、福祉、介護、医療、教育等幅広い分野がヤングケアラーの支援に関わる関係機関として示されたことなどから、2022年度子ども・子育て支援推進調査研究事業「ヤングケアラーの支援に係るアセスメントシートの在り方に関する調査研究」を実施し、支援が必要なヤングケアラーの早期発見・介入につなげるためのアセスメントシートの在り方を検討し、幅広い分野の専門職がヤングケアラーにどのように気づき、どのように支援につなげるかのヒントを得るアセスメントツールとその使い方が記されたガイドブックを作成した。

　このツールは、ヤングケアラーへの気づきを促す「気づきツール」と、気づいた後にこどもとの信頼関係を構築するための会話の視点を示

す「アセスメントツール」の「2 階建て構造」となっており、「気づき
ツール」はこどもとの関わりの程度に応じて活用できるよう「こども向
け」と「大人向け」の 2 種類がある。なお、これらツールは、支援につ
なげることありきではなく、こどもが担う家庭内の役割や、それを担う
ことに関するこどもの気持ちを確認するなど、こどもに寄り添うことを
重視して作成されている。

　本調査研究では、児童福祉分野（自治体の担当部門）、高齢者福祉分
野（自治体の担当部門等）、障害福祉分野（自治体の担当部門等）、教育
分野（教育委員会等）、医療分野（医療ソーシャルワーカー）、生活保
護・生活困窮者自立支援分野（自治体の担当部門）、それぞれの分野の
コーディネート（ヤングケアラー支援専門チーム等）、当事者（当事者
団体）の 8 分野を対象にヒアリング調査を行っており、その成果物には
ヤングケアラー支援のステークホルダーとなる多機関の視点が取り入れ
られている。

（3）児童福祉部門と教育分野に焦点を当てた市区町村におけるヤング
　　　ケアラー把握・支援の運用の手引き

　プロジェクトチーム報告書を踏まえ、自治体では、実態調査を行い、
管内のこどものうち家族の世話をする者の割合等を明らかにしていると
ころが増えているが、次のフェーズとして、支援が必要なヤングケア
ラーを網羅的に把握しその後の生活改善までフォローアップする仕組み
等を整備する必要があると思われる。

　これらはこども一人ひとりの把握・支援となり、主に市町村が行う業
務と思われるところ、その中でも支援の主要機関である児童福祉部門と
教育分野の連携に焦点を当て、学校等が把握したヤングケアラーをどの
ように市町村の児童福祉部門につなぎ、どのように関係機関のサービス

に展開していくか、その際児童福祉部門がどのように関わるべきかなどについて検討するため、2022年度、子ども・子育て支援推進調査研究事業「市区町村におけるヤングケアラー把握・支援の効果的な運用に関する調査研究」を実施し、支援の流れを示す運用の手引きを作成した。

　手引きでは、市町村の運用体制を4つのパターン（①要対協の枠組みを活用したもの、②訪問支援事業を活用したもの、③児童福祉部門に相談窓口を設置したもの、④行政区ごとに相談窓口を設置したもの）に分けて紹介するとともに、ケースの一元管理をどのように行うか、市町村が介入しづらい県立高校や私立学校との連携を促進させるにはどうするかなど、児童福祉部門が支援を主導する際の課題を考察し、目指すべき方向性、具体的な運用内容、個人情報の取扱い等についてポイントを解説している。

　そのほか、家庭が支援を拒否するケースや中途退学者等学校での把握が困難なケースへの対応の工夫等にも触れており、市町村におけるヤングケアラーの把握・支援の運用に資するものと思われる。

児童福祉部門以外の部門の施策等

（1）文部科学省の取組

　こどもと接する時間が長く、その変化に気づきやすい学校関係者には、潜在化しやすいヤングケアラーを発見・把握し、適切な機関につなげる役割が求められる。文部科学省では、ヤングケアラーの概念や、スクールソーシャルワーカーが医療機関と連携して支援につなげた事例等について、全国の教育委員会の担当者や教職員を対象とした研修会等で周知して理解促進を図っている。加えて、これまでに引き続き、2023年度予算において、ヤングケアラーを心理的にも福祉的にも支援するスクールカウンセラーやスクールソーシャルワーカーについて重点配置校

の数を拡充するとともに、オンラインを活用した広域的な支援体制を整備するための費用を計上している。

　そのほか、2022年に12年ぶりに改訂された「生徒指導提要」[14]において、教職員がヤングケアラー支援に係る研修に参加することの重要性や関係者間で情報共有する等の取組がヤングケアラーの早期発見・対応につながる可能性、スクールソーシャルワーカーとの連携による支援の必要性などについて新たに記された。

（2）障害福祉分野の事務連絡

　2021年7月、厚生労働省社会・援護局障害保健福祉部障害福祉課から自治体の障害保健福祉担当課に対して事務連絡を発出し、

● ヤングケアラーがいる家庭に対して計画相談支援を実施するに当たっては、ヤングケアラーが世帯におり、配慮が必要なことなどの利用者の個別性も踏まえたサービス等利用計画の作成や適切な頻度でのモニタリングを実施すること。また、これらに際しては医療・保育・教育等の関係機関との連携が重要であること

● ヤングケアラーがいる家庭に対して計画相談支援を実施した際には、

　・医療・保育・教育機関等連携加算

　　ヤングケアラーである家族の状況等を踏まえたサービス等利用計画を適切に作成するため、児童相談所等の関係機関と面談を行い、利用者等に関する必要な情報の提供を受けた上で、サービス等利用計画を作成した場合

14　小学校から高等学校までの生徒指導の理論等について、時代の変化に即して網羅的にまとめ、生徒指導を行うに当たって教職員間や学校間で共通理解を図り、組織的・体系的な取組を進めることができるよう、生徒指導に関する学校・教職員向けの基本書として、文部科学省が作成するもの。

・集中支援加算

　　ヤングケアラーの状況等を踏まえた障害福祉サービス等の利用
　調整を円滑に行うため、関係機関が主催する会議へ参加した場合
といった加算の算定が可能であること

●ヤングケアラーがいる家庭に対する居宅介護等の介護給付費の支給
　決定の判断に当たって介護を行う者の状況を勘案する際、ヤングケ
　アラーがこどもらしい暮らしを奪われることのないよう配慮するこ
　と

●ヤングケアラーが親に代わって行う家事・育児等も、必要に応じて
　居宅介護等の対象範囲に含まれること

などについて改めて周知した。

（3）介護保険分野の取組

　2022年 9 月、厚生労働省老健局認知症施策・地域介護推進課から自治
体の介護保険担当課等に対して事務連絡を発出し、

●同居家族がいる場合の生活援助サービスについては、利用者の同居
　家族等が傷害や疾病等の理由により家事を行うことが困難な場合
　や、その他やむを得ない事情により家事が困難な場合などに限って
　利用が認められるものであるが、利用者において、ヤングケアラー
　を含め同居家族がいることをもって一律に本人への生活援助が位置
　づけられないというものではないこと

●介護支援専門員の法定研修にヤングケアラーが介護者である場合の
　アセスメントの留意点等を盛り込むことを検討していることや都道
　府県が地域包括支援センター職員等を対象としたヤングケアラーを
　含む家族介護者支援に関する研修を行うためのカリキュラムの作成
　を進めていること

などについて周知した。

　また、2023年7月、社会保障審議会介護保険部会において、ヤングケアラー等への支援を盛り込んだ介護保険事業計画の基本指針案が示された。基本指針は、介護保険事業に係る保険給付の円滑な実施のため国が定めるもので、今回の指針案では、地域の高齢者支援窓口である「地域包括支援センター」の体制整備と併せて、総合相談支援機能の活用により、ヤングケアラー等家族介護者支援に取り組むことが重要であることなどが示された。2023年度中に決定し、市町村が作成する2024年度から3年間の介護保険事業計画に反映させ相談体制の強化等を図るものと思われる。

（4）就労支援分野の事務連絡

　2022年5月、厚生労働省職業安定局及び人材開発統括官の連名で都道府県の労働局に対して事務連絡を発出し、ハローワーク等において、求職者がヤングケアラーであることを把握した場合には、各自治体等と連携し、適切な就労支援を実施することとした上で、特にヤングケアラーは、学生時代にゼミや部活動、ボランティア活動等をあまりできず、就職活動に当たって自己PRに不利を感じやすく、またケアを継続している場合、残業や勤務場所に関してケアと両立できる就職先を探す必要があることなどから、ヤングケアラーである求職者の抱える課題や状況に応じて関係機関と情報共有しながら連携して支援することなどを求めた。

（5）2022年度診療報酬改定

　プロジェクトチーム報告書において、国に対し、適切な福祉サービスへのつなぎなどを行う専門職や窓口機能の効果的な活用を含めヤングケ

アラーの支援体制の在り方を検討するよう求められたことなどを受け、2022年 4 月から入退院支援加算の対象にヤングケアラー及びその家族が追加された。

第3節　政治的な動向

1 ヤングケアラー支援に係る国会での議論

　ヤングケアラーの実態や支援の必要性については、2018年頃から少しずつ国会審議で取り上げられるようになったが、支援に向けた取組が加速したきっかけとなったのは、2021年3月の菅内閣総理大臣（当時）の答弁であろう。ヤングケアラーの問題に対する受け止めと今後の取組について問われた総理は、「病気がちの親を幼い頃から世話したり、障害のあるきょうだいの面倒をみることにより、学校に通えない、友達と遊べないなど、こどもらしい暮らしができないことは大変つらいこと」とした上で、省庁横断のプロジェクトチームにおいて、当事者に寄り添った支援につながるようしっかりと取り組むと答弁し[15]、その後設置したプロジェクトチームにおいてヤングケアラーの実態や支援の方向性を示すこととなった。

　その後にも複数の質疑が行われた。2021年度の中高生の調査結果を取り上げ、いくつかの項目で女性が男性に比べてケア負担が重い傾向にあることを指摘し、ジェンダーの視点で支援に取り組むべきと問われた内閣府は、女性の教育や健康の観点からも重要な課題とした上で、厚生労働省において実態を調査し、課題について検討を進める旨盛り込まれた第5次男女共同参画基本計画に基づき、女性が直面している具体的な課題を解決し、全ての女性が輝く令和の社会の実現に向けた取組を推進す

15　第204回参議院予算委員会会議録第6号32頁（2021年3月8日）

る旨、厚生労働省では、性別の違いにより必要な支援が行き届かないことのないよう取り組む旨、それぞれ答弁した[16]。

　また、自治体での実態調査に関し、教育委員会の積極的な関与の必要性について問われた文部科学省は、今後、生徒指導関連の会議において教育委員会が積極的に調査実施に関わるよう指導、助言を行う旨答弁した[17]。

　さらに、ヤングケアラーの支援対象となる年齢について問われた内閣官房は、支援の対象となるこどもは基本的に18歳までを念頭に置いているとした上で、必要な支援が特定の年齢で途切れることがないよう社会全体で支え伴走していくこと、就労支援や生活困窮者支援等、成人に対する施策を所管する厚生労働省と連携ししっかり取り組む旨答弁した[18]。

　同じく年齢に関し、18歳以上のヤングケアラーをどのように支えていくのか問われた文部科学省は、2022年4月、各大学等に対し、ヤングケアラーに該当する学生から相談があった場合、行政、カウンセラー、医師等と連携し、学生の気持ちに寄り添った対応を講じるよう要請したとし、大学等での相談体制の強化、関係機関と連携した効果的な情報発信に努める旨答弁した[19]。

　ヤングケアラー支援法の法整備の必要性について問われた岸田内閣総理大臣は、まずはプロジェクトチーム報告書に沿った施策を速やかに実行に移していくとした上で、法整備の議論を踏まえ、政府としてどのような対応が可能か検討したい旨答弁した[20]。

16　第204回参議院行政監視委員会国と地方の行政の役割分担に関する小委員会会議録第2号14-15頁（2021年4月26日）
17　第208回参議院予算委員会会議録第3号24頁（2022年2月25日）
18　第208回参議院内閣委員会会議録第18号36頁（2022年5月24日）
19　第211回参議院文教科学委員会会議録第4号17頁（2023年3月17日）
20　第208回参議院予算委員会会議録第19号7頁（2022年5月31日）

2 ヤングケアラー支援推進検討会

　ヤングケアラー支援について政治も動いている。自民党、公明党及び国民民主党は、政策協議の一つとして、2022年4月、ヤングケアラー支援策を議論する実務者による検討会[21]を立ち上げ、2回にわたる議論の末、同年6月に3党幹事長への提言を取りまとめた。

　この提言には、現状認識に加え、ヤングケアラーが行うケアが単純に「悪いこと」「かわいそうなこと」と捉えるのではなく、こどもの学びや育ち等に影響がでないよう、周囲の理解や社会的支援が重要であることなどの理念が記載されている。

　そして、ヤングケアラーがいる家庭への訪問家事支援、実態調査、関係機関職員の研修、コーディネーターの配置やピアサポート等の支援の取組について、自治体により「温度差」があることを指摘した上で、

- ●教育現場等で支援が必要なヤングケアラーを把握し、市町村の福祉部門等を通じて適切な支援につなげ、かつ、その後の生活改善まで適切にフォローアップする体制の整備
- ●教育現場、福祉現場等における研修、人材育成
- ●当事者、支援者のNPO等が行う活動の支援（当事者カフェ等）
- ●ヤングケアラーの定義、社会的認知度の向上とヤングケアラー自身も含めた正しい理解の促進（お手伝いではないなど）
- ●先進的な自治体の好事例の横展開

など、全国においてヤングケアラーに係る課題を解決できる仕組みづくりについて、法制化の必要性も含め、早期に結論が得られるよう、3党において引き続き検討することとされた。

21　自民党の田村憲久衆議院議員、公明党の伊藤孝江参議院議員及び国民民主党の伊藤孝恵参議院議員により構成

第4節　自治体におけるヤングケアラー支援のために

1　自治体の取組とその「温度差」

　これまで、主に国でのヤングケアラー支援に係る施策を説明してきたが、行政機関の中で、ヤングケアラーやその家族に直接作用する施策を講じることができるのは、現場を抱える自治体であり、ヤングケアラー支援において求められる自治体の役割はきわめて大きい。

　ヤングケアラーの社会的関心の高まりに伴い、地方議会でも支援体制の拡充を求める意見があがり、条例の制定、相談窓口の設置、訪問支援、ピアサポート、こども食堂や宅食でのこどもの見守りのほか、ヤングケアラーがいる家庭へのヘルパー派遣や支援金の支給といった先進的な取組を行う自治体もあり、それぞれの地域の特性に応じた効果的な支援策を講じている。

　その一方で、「うちの自治体にはヤングケアラーはいない」として、いまだ実態調査を行っていない自治体もあるなど、取組に「温度差」が出てきており、この「温度差」の解消が喫緊である。

2　まずは実態調査から

　支援に向けた第一歩としての取組は、実態調査である。都道府県単位では、一部の県を除き、すでに調査を行い、具体的な支援策を講じている。

　一方、市町村単位での実態調査は道半ばであり、「ヤングケアラー支

援体制強化事業」を活用するなどして、今後更に市町村単位での実態調査が期待されるところ、市町村単位での調査に関しては、管内のこどもに占める家族のケアをするこどもの割合といった、定量的な数値のみならず、具体的な支援につなげるため、「市町村相談体制整備事業」を活用し、たとえば記名式のアンケート調査を継続的に行うなどにより、「どの学校の誰がヤングケアラーであり、その家庭にどのような支援が入ったのか、その後生活がどのように改善したのか」まで把握する方法なども検討する必要があろう。

3 多部署間連携の重要性

　ヤングケアラーのいる家庭の背景には、高齢、障害、疾病、失業、生活困窮、ひとり親といった課題が複合的に絡み合っていることが多く、自治体の多部署間でしっかりと連携（図表4）し、ヤングケアラーであるこどものみならず、家族全体を支援する視点を持って、必要な情報を共有し合い、それぞれの施策に目詰まりがあるのであればこれを解消して適切な支援につなげていかなければならない。

　しかし、国がこれまで行ってきた調査では、行政機関から「家族の問題であるため介入しづらい」、「どこに相談したら良いのかわからない」といった声が上がっている。

　多部署間で連携して支援に取り組む重要性は現場で認識されているものの、言うは易く行うは難しであって、各自治体の多くはまさに手探りの状態であろう。

　そこで、多くの有識者の知見を得て策定した、多機関・多職種連携によるヤングケアラー支援マニュアル及び多機関・多職種の者の活用を想定したアセスメントツールを参考としていただくとともに、第2章以降

図表 4　ヤングケアラー及びその家族を支える関係機関

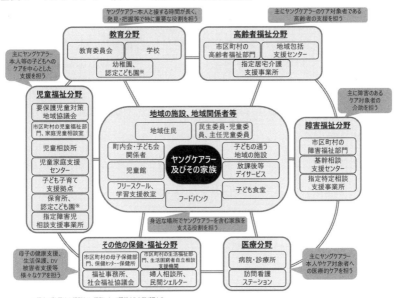

※認定こども園は 4 類型あり、類型によって関係する分野が異なる

（出典）厚生労働省 HP：https://www.mhlw.go.jp/content/000932685.pdf 令和 3 年度　子ども・子育て支援推進調査研究事業「多機関連携によるヤングケアラーへの支援の在り方に関する調査研究」多機関・多職種連携によるヤングケアラー支援マニュアル〜ケアを担う子どもを地域で支えるために〜令和 4 年 3 月有限責任監査法人トーマツ、19頁（最終閲覧日2023年 6 月30日）

に記される具体的な現場の事例から連携のヒントを得ていただきたい。

　加えて、地域にはヤングケアラーを支援する民間団体があり、ヤングケアラー同士の交流の場やこども食堂等によりこどもたちの「第三の居場所」づくりを進めている。これら支援者団体は、孤立しがちなヤングケアラーと社会とをつなぐ重要な役割を担っており、その活動を通じてヤングケアラーとの信頼関係を築き、自治体以上に詳細にヤングケアラーの状況を把握していることから、自覚のない、あるいは、必要な福祉サービスにつながっていないヤングケアラーを把握するには、支援者団体との緊密な連携も不可欠であろう。

4 ｜ こどもの気持ちへの寄り添い

　これまで、ヤングケアラーを早期に発見して支援につなげるための取組について述べてきたが、支援を行う際には、ヤングケアラーやその家族の気持ちを尊重することが最も大切であると思っている。家族をケアするこどもに対し、「あなたは支援が必要なヤングケアラーだ」と一方的に介入するのではなく、これまでのこどものケアに敬意を払い、こどもと同じ視点で「対話」をすることを心掛け、こどもの気持ちに寄り添うことが支援を行う全ての者に求められる。

5 ｜ こども家庭庁とこれから

　2023年4月、こども家庭庁発足式において、岸田内閣総理大臣が、「こどもたちにとって何が最も良いことなのかを常に考え、健やかで幸せに成長できるような社会を実現する」と挨拶した。

　これまでの取組を充実・強化するため、こども家庭庁が掲げる「こどもまんなか社会の実現」のほか、これまで内閣府が担ってきた困難を有するこども・若者に関する事務がこども家庭庁に移管されたことにより、児童福祉法に加え、子ども・若者育成支援推進法（平成21年法律第71号）に基づき、より一層一体的な取組が我々に求められる。

　ヤングケアラーへの支援が一過性のブームに終わることなく、こどもが望めば話を聞いてもらえる場所があり、それを受け止める大人がいる、という体制を整備することにより、ヤングケアラーの人生の選択の自由が保障されるような支援が、自治体において継続的に行われることを切に願う。

（前・厚生労働省子ども家庭局家庭福祉課虐待防止対策推進室室長補佐　内尾 彰宏）

第 2 章

各自治体の対策

第1節　ヤングケアラーに必要な支援

　2010年代半ば以降、ヤングケアラーに関する実態調査が進められ、その存在が明らかになるなかで、日本においても一定の規模でヤングケアラーが存在し、学校生活、人間関係、健康等、様々な悩み、問題を抱えるケースも少なくないことがわかってきた。そして、現在は彼らをいかに支援するかという点に社会の関心は移りつつある。ヤングケアラーに必要な、有効な支援は、これから多くの実践を重ねることで導き出されるものであり、筆者自身も模索中ではあるが、現段階で考え得ることを整理したい。

1　ヤングケアラーに関する周知・啓発

（1）教員、専門職等の周知・啓発

　周知、啓発が最初にあげられる。近年メディアで頻繁に取り上げられるようになったものの、何となく知ってはいるが厳密な意味はわからないという人、もしくは正しく理解していない人も少なくないように感じる。全ての人々が正しくヤングケアラーを理解している地域づくりを目指す必要がある。

　理解者が少ない状況は、ヤングケアラーと家族を孤立させ、潜在化を進める。逆に、周囲の人々がヤングケアラーについて正しく理解している状況は、学校や職場等、日常におけるヤングケアラーとその家族の暮らしやすさにつながる。何か困った際、すぐにSOSを出すことができ、早期にヤングケアラーに気づき、支援につなぐことも可能になる。何か

特別なことを始めなければならないわけではない。まずはヤングケアラーとその家族に対する、人々の理解を進めることが重要である。

　周知・啓発としては、動画配信、パンフレット作成等様々なことがあげられるが、教員、専門職等を対象とした研修会の実施が第一の方法であろう。

　一般の人々がヤングケアラーについて知り、理解することももちろん重要であるが、ヤングケアラーにとって身近な頼れる大人である教員、ヤングケアラーがケアをしている家族をサポートする役割である医療、福祉の専門職が、ヤングケアラーに関する正しい知識、視点を持つことが最優先事項である。

（2）障害者福祉、介護・高齢者福祉領域での周知・啓発も不可欠

　研修の対象となる福祉の専門職とは、児童福祉関連のみならず、障害者福祉、高齢者福祉、介護、生活保護等に携わる専門職も含まれる。後で述べるが、ヤングケアラーの支援とは、こどもへの支援も重要であるが、それ以上にその家族への支援が必須となる。そのためこどもがケアをしている高齢の家族や障がい、疾病等を有する家族の支援に携わる人々がヤングケアラー支援という視点を有していることが大事である。また、このような研修会は複数回行う必要がある。重ねて行うことで、より広く周知すること、深く理解を促すことが可能となる。

　筆者は、近年、様々な研修会でヤングケアラーについて講義を行う機会があるが、学校関係、児童福祉関係からの依頼が圧倒的に多く、介護、障害者福祉関係の専門職を対象とした研修会の依頼は少ない。ヤングケアラー支援はいわば総力戦である。縦割り行政のなかで、どの領域にもはまらず、エアポケットに入りこみ、見過ごされてしまってきたのがヤングケアラーである。それを踏まえると児童福祉領域や学校だけで

　なく、障害者福祉、介護・高齢者福祉、生活保護、ひとり親家庭への支援等、全ての福祉領域において、ヤングケアラー支援は自分が行うべき業務であるという認識を持つことが不可欠である。

　特に障害者福祉、介護、高齢者福祉領域の専門職でなければ気づけないヤングケアラーは大勢いる。複数の実態調査では、ヤングケアラーの方が遅刻が多い、忘れ物が多い等の結果が出ているが、そのような問題が見られないヤングケアラーの方が多い。実際に筆者も学校では頑張り屋で通っていたヤングケアラーに数多く出会っている。さらに、様々な実態調査では家のこと、ケアのことを誰にも話していないケースが多いことを踏まえると、学校の先生では気づけないケースも少なくない。

　筆者らが2016年に行った大阪府立高校の高校生約5,000名を対象とした調査（以下、「大阪府高校生調査」という）では、教員の認識に基づくと、ヤングケアラーの存在割合は1.5%、しかし生徒自身の回答に基づくと、5.2%という結果となった。教員調査では、ヤングケアラーとして、母親やきょうだいのケアをしているケースを多く挙げており、祖父母のケアをしているケースはほとんど挙げていなかった。学校という立場では、高齢者のケアをしているケースは把握しにくいことが推測で

図表5　ケアをしていることを誰かに話したことはあるか

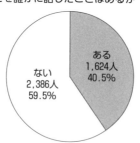

（出典）大阪市・大阪市教育委員会・宮川雅充・南多恵子・濱島淑恵（2022）「大阪市立中学校生徒を対象としたヤングケアラー実態調査報告書（家庭生活と学校生活に関する調査）」p26

きる結果となった。また、日本ケアラー連盟による調査でも示されているが（日本ケアラー連盟2015 23頁）、学校の教員は「家庭の内部事情に入りにくい」という意見がよく聞かれる。また、こどもの話から家族のケアをしていることはなんとなくわかっても、ケアを要する家族の状態、サービスの利用状況、生活状況、家族が担っている介護の状況等を詳細に把握することには限界がある。

　しかしながら、その家庭に入っている障害者福祉、介護・高齢者福祉の専門職であれば、上記のような家族の状況を把握することが可能である。その家庭のこどもや若者が、何らかのケアを担っていないか、観察する、家族による介護状況を聞き取ることも可能である。学校の教員が家族のケアについて話題に出すことは少しハードルが高いが、障害者福祉、介護・高齢者福祉の専門職であれば、家族をケアするために入っているため、（聞き方に工夫が必要かもしれないが）話題にしても不思議ではない。障害者福祉、介護・高齢者福祉からのアプローチでなければ気づけないヤングケアラーがいる。

（3）地域のインフォーマルな資源への周知・啓発

　専門職のみならず、地域のインフォーマルな資源への周知・啓発も不可欠である。地域で展開されているこども食堂、学習支援等、こどもに関わる支援活動では、すでにヤングケアラーと思われるこどもたちと出会っていると考えられる。これら地域におけるこどもの支援は、ヤングケアラーに早く気づける場であるとともに、学校でも家でも、行政でもない、地域だからこそできる支援、作れる雰囲気がある。ヤングケアラーに気づき、支援するという意味で、地域のインフォーマルな資源が果たす役割は大きい。

　もちろん、民生委員・児童委員、町内会等への周知・啓発も有効であ

ろう。家庭内に入り、専門的な支援を行うには限界があるかもしれない
が、気になるこどもがいたらヤングケアラーの支援団体、相談窓口に連
絡するという役割が期待できよう。ただし、地域のおじさん、おばさん
として、ちょっとしたときに声をかけるだけでも十分である。「何かし
てくれなくても、気にかけてくれる人がいる。そう思うだけでほっとし
た」ということは、多くのヤングケアラーから聞く言葉である。

（4）正しい理解を広める

　最後に、正しい理解を広める重要性について触れておきたい。

　第1に、ヤングケアラーのプラス面とマイナス面の両方の理解を進め
る必要性があげられる。メディアで取り上げられるときは、どうしても
マイナス面がクローズアップされやすい。彼らの抱える困難、悩みを理
解することは重要であるものの、ヤングケアラーはネガティブ側面しか
ないような印象が広がる懸念もある。

　ヤングケアラーには当然ながらプラス面もある。ケアを担うことに
よって、家族の絆が強まる、自分は役に立っているという誇りを持って
いる、家事等の生活能力が同年代のこどもたちに比べて高い等がイギリ
スの研究では指摘されている（Young Carers Research Group2016）。
また、筆者が出会ったヤングケアラーたちからも、マルチタスクをこな
せるようになった、自立心が養われた、自分が大変だったように、相手
も表面上はみえないが何か大変な思いをしているのではないか、その人
の背景を考えるようになった等、ケアを担ってきたからこそ得られた
様々なプラス面を聞く。

　ヤングケアラーは、同年代のこどもたちと同じようなことを経験して
きていないため、自分には価値がないと思っていることがある。また、
就職活動の時、ケアのためにとぎれとぎれになった学歴、職歴に引け目

を感じ、自分のプラス面をうまくアピールできなかったという話も聞く。ケアを担うことそのものは決して悪いことではない。そのために勉強や部活に打ち込むことができない、友達と遊びに行けない等、得られなかった機会、経験もあるかもしれないが、その代わりに同年代のこどもたちが経験していないようなことを経験し、様々なことを身につけている。それは間違いなく、ヤングケアラーの価値である。

　第 2 に、ヤングケアラーの大変さとともに親の大変さも理解するという点である。ヤングケアラーの話をすると「親は何をしているのか」、「親の顔がみてみたい」等と、親への批判に向かうことも少なくない。しかしながら、実際にヤングケアラーのケースをみると、親自身も仕事やケア、自分自身の障がいや病気のために、大変な状況に置かれ、余裕がないことが多い。

　例えば、祖母のケアをしていたヤングケアラーは、母親が祖母のケアをしながら、フルタイムで働いて家計を支え、日に日にやつれていくのを目の当たりにし、「このままではお母さんが倒れてしまう、もしかすると自分たちを捨てて家を出てしまうのではないか」とこども心に不安でいっぱいだったという。そこで家の手伝いをするようになった。また、ある精神疾患の母親のケアをしていたヤングケアラーは、病気になる前までは社会で活躍し、頼りがいのある母親だったのに、徐々に表情が暗くなり、独り言を言い、まったく別人のようになってしまった母親をみて、（病気とは知らされていなかったため）ショックを受けるとともに、以前の素敵な母親に戻ってほしい、母親に元気になってほしいと願い、少しでもストレスを減らそうとケアをしたという。また、難病のため全身の痛みと戦う日々を送っていたあるヤングケアラーの母親のケースでは、こどもが家事、身の回りの世話、自分の感情面のサポートをしてくれていた。その母親はこどもに対して、感謝と罪悪感の気持

ち、「このまま私のケアばかりをしていたら、この子は将来どうなって
しまうのだろうか？」という不安を抱えていたが、自分ではどうするこ
ともできなかったという。父子家庭で、こどもが祖母のケアをしていた
ケースでは、父親は夜勤もある長時間の仕事で多忙のため、ケアをこど
もに任せっきりになり、こどもは不登校状態になっていた。父親はこど
もへの愛情が深く、この状態を心配しており、何とかしないといけない
ことはわかっていたが、自転車操業の毎日でどうすることもできなかっ
た。

　このように、親がしんどそうだから、こどもがケアをするというパ
ターンは非常に多く、親は心配しながらも自分ではどうすることもでき
ない状態に陥っていることがよく見られる。それにも関わらず、家族の
ケアをしていることを話したら、「お母さんは何をしているの？　と言
われた」、「虐待事例として挙げられそうになった」など、矛先が親に向
かったということをよく聞く。そして、「大人に話すと親が批判される
ことがわかり、だれにも言ってはいけないと思った」という結論に至る
ことも少なくない。

　ヤングケアラーは親、家族を批判されることを恐れ、嫌うことが多
い。ヤングケアラーの大変さとともに、その親の大変さを理解すること
も重要であり、親子を支援する視点を持つ必要がある。

2 ヤングケアラーの定義について

　ヤングケアラーの定義については本書の第1章でもすでに示されてい
るが、いまだ誤解、混乱も多い。定義の正しい理解はヤングケアラー支
援の基礎であり、前節の周知・啓発、具体的なヤングケアラー支援の対
象の設定にも関わるため、ここで再整理しておきたい。

（1）2つの条件

　「ヤングケアラー」について、日本において統一された正式な定義は
まだ示されておらず、様々な定義が見られる。ただし、少なくとも2つ
の条件が定義には含まれているべきである。

　第1に、ケアを要する家族がいる、ということである。障がいを有す
る、疾病がある、高齢である、幼い、日本語を第一言語としない等の理
由で、ケアを要する家族がいる状況にあるということが条件のひとつめ
として挙げられる。

　第2に、それを理由としてケアを担っているということである。すな
わち、上記のような理由でケアが必要な家族がいるわけではなく、「親
が仕事で忙しい」という理由のみでこどもが家族の手伝いをしている場
合、厳密にはヤングケアラーではないということになる。ただし、この
ような場合でも、機械的に判断するのではなく、ケースに応じた判断、
対応が必要であろう。

　また、ケアといってもそれぞれの定義に例示されているように、いわ
ゆる介護だけではなく、家事、年下のこどもの世話、感情面のサポー
ト、通訳などが入る。家族のお世話全般というイメージになる。なお、
感情面のサポートとはかなり幅広い意味を指すケアであり、例えば精神
疾患を有する母親の愚痴を聞く、アルコール依存症の父親が暴れるのを
なだめる、認知症の祖父母の話し相手をして落ち着いてもらう、病気等
のために暴言を投げかけられてもそれに耐える（感情の受け皿になる）
等がある。

（2）ケアの程度

　ヤングケアラーの定義に関連するもうひとつの論点として「ケアの程
度」があげられる。例えば、2022年4月に示された「ヤングケアラー支

援体制強化事業実施要綱」（厚生労働省）では、「本来、大人が担うと想定されている」ケアを日常的に担っている児童という説明がされている。筆者が参加したことがある行政等の会議において、定義に関する議論をすると、介護、家事等ケアをしているということだけでは、普通のお手伝いも含まれるため、多くのこどもがヤングケアラーになってしまうのではないか、という懸念が必ずと言っていいほどあがる。そこで負担の大きい、大変なケアを担っている場合に限定すべきとする意見はよく見られる。しかし、著者は定義の段階で、一定のレベル以上のケアを担っている場合のみをヤングケアラーとみなす、ということについては反対の立場である。

　ヤングケアラーとは、基本的には「ケアを要する家族がいるためにケアをしているこども」のことを指す。負担が大きいこどもだけがヤングケアラーである、というわけではない。この点は大人のケアラーに置き換えると理解しやすいかもしれない。一般的に、成人が自分の家族を介護している場合、家族介護者という言葉が用いられる。これは特に大変な介護を担っている者のみを指す言葉ではない。介護負担の多寡に関係なく、介護をしている家族がいれば、家族介護者と呼ばれる。それがこどもの年齢であった場合、ヤングケアラーと呼ばれるだけの話である。

　ヤングケアラーの中には、大変な負担を抱えているこどももいれば、それほどではないこどももいる。時々、ヤングケアラー支援の制度、サービスを考える際、「ケアを担っていればヤングケアラー」という定義では、支援の対象が広がりすぎて困るという意見も聞くが、その解決はそれほど難しくない。ヤングケアラーの中でも、支援対象とする基準（週に何時間以上している、学校を休みがち、本人から負担が大きいという主訴がある等）を設定すれば良い。定義は広く構え、支援対象を絞る方が適切であろう。

　定義を広く構える必要がある理由は、この言葉の意味が歪められて普及することを防ぐためである。「ヤングケアラー＝大変な状況にあるこども、しんどいこども、かわいそうなこども」という誤ったイメージが、現在、広がりつつある。それは定義として誤っているのみならず、ケアを担っているこどもとその家族を傷つけ、潜在化させる可能性がある。ヤングケアラーという言葉は、プラスもマイナスもなく、ただ「家族のケアを担っているこども」を表現したに過ぎず、それを歪めることは許されない。

　また、もうひとつの理由に、まだ負荷が大きくなっていないヤングケアラーを見守ることも重要であることがあげられる。負荷が大きくなり、問題、困難が生じてから把握し、支援するのでは、手遅れになる可能性がある。すでに学校に来なくなり、連絡がとれなくなってしまう場合もあれば、こどもがケアの態勢に完全に組み込まれ、それを崩すと家族が総崩れになる場合もある。また、本当にしんどい状況になると、SOS を出すことや話す余裕すらなくなる。まだ負荷が大きくなっていないこどももヤングケアラーとして様子を見守り、変化が生じた時にアプローチできるようにしておくことが重要である。そのためにもヤングケアラーの定義は広く構える方が適している。

　なお、早くからヤングケアラーに着目し、取組みを行ってきた日本ケアラー連盟は「家族にケアを要する人がいる場合に、大人が担うようなケア責任を引き受け、家事や家族の世話、介護、感情面のサポートなどを行っている、18歳未満の子ども」という定義を示している。ここでは「大人が担うようなケア責任」という表現を用い、ケアにまつわる責任の度合いに着目していると言える。行っている行為そのものは、通常の手伝いで行われるような内容（洗濯物の取り入れ、きょうだいの遊び相手等）であっても、そこにどの程度の責任がかかってきているかは、ヤ

ングケアラーを理解する上で重要である。

　科学的なエビデンスがあるわけではないが、ヤングケアラーが担うケアの「責任」の所在、度合いは通常の手伝いとは異なると指摘されることはよくある。通常の手伝いであれば、友達と遊びたいからさぼる、テスト前には免除してもらうことが可能であろう。しかしながら、「ケアを要する家族がいる」という状況の中で行うケアは、自分がやらないと家族の生活が回らなくなる。友人と遊びたくても、テスト前であっても、自分が絶対にしなくてはいけないという責任を伴う手伝いである。ヤングケアラーが担うケアには、目に見えない責任が伴っており、それゆえに家族のケアを優先し、自分のことを後回しにせざるを得ない状況が生まれることを理解する必要がある。

3 ｜ ヤングケアラーに気づく仕組み

　ヤングケアラーを「理解する、知る」ということと、「気づく」ということは少し次元の異なる事柄である。ヤングケアラーについて学び、理解していても、実際に気づくためには、常に「ヤングケアラーかもしれない」という視点を持ち、日常の些細なシーンからヤングケアラーである可能性を見出す力を、教員、医療・福祉の専門職等が身につける必要がある。

　筆者は知り合いの福祉の専門職にヤングケアラーについて話すとき、自分の担当ケースにいるか否かを尋ねることが多い。皆、ヤングケアラーについて関心を持ち、今後はしっかりと対応できるようにしたいという意識の高い人たちである。それでも自分の担当ケースとなると「いない」と即答されることが多い。統計的にみて、そんなはずはないと思い、いくつもの具体的な例を挙げながら説明すると、ようやく「そうい

えば…」と思い当たるようになる。

　教員、専門職の周知・啓発とともに、ヤングケアラーに気づくことができるようになるための仕組みづくりを考える必要がる。

（1）「ヤングケアラーあるある」を学ぶ機会

　研修会の実施はここでも有効である。調査で指摘されているように、ヤングケアラーには一定の傾向がある。そこを糸口として気づいていくことが必要となる。すなわち「ヤングケアラーあるある」を知ること、その具体的な例を知り、そのような状態になるプロセスについてイメージを持てるようにする。そのうえで、こどもに家での過ごし方、お手伝いのこと等を聞くと良いと思うが、意外と勇気がいるため、実際に話を聞く練習をする研修会もあると良いかもしれない。

　例えば学校では、遅刻、欠席が多い、授業中に居眠りをよくする、宿題ができない、忘れ物が多い等の傾向が指摘されている。その理由を確かめる際に「ヤングケアラー」ということを念頭に入れて、話を聞くようにすると良いであろう。母親の話を夜中過ぎまで聞いていて、朝起きられない、授業中眠くなる、宿題をしなければならないことはわかっているけれども家では時間が取れない、認知症の祖母の見守りがあるので、学校に来られないときがあるなどの事情が見えてくるかもしれない。

　また、ケアを担うことによる健康面への影響を指摘する研究もあり（宮川ら2021、2022等）、複数の調査ではヤングケアラーはケアを担っていないこどもよりも健康状態が思わしくないと答える者が多いことが示されている。情緒不安定である、慢性的に疲労している、体調が悪い生徒がいたら、その背景にケアがあるかもしれないと思い、話を聞くことが必要である。

図表 6　家族の世話の有無×ふだんの学校生活等であてはまること（複数回答）

		調査数（n＝）	授業中に居眠りすることが多い	宿題や課題ができていないことが多い	持ち物の忘れ物が多い	部活動や習い事を休むことが多い	提出しなければいけない書類などの提出が遅れることが多い	修学旅行などの宿泊行事を欠席する	保健室で過ごすことが多い	学校では1人で過ごすことが多い	友人と遊んだり、おしゃべりしたりする時間が少ない	特にない	無回答
													(%)
世話をしている家族	いる	660	33.6	22.6	20.2	9.1	23.0	2.4	3.3	12.0	11.1	40.6	・1.5
	いない	12,568	28.0	15.1	12.6	4.9	14.5	1.2	1.0	6.8	7.0	51.7	1.5

（出典）三菱 UFJ リサーチ＆コンサルティング（2021）「令和 2 年度　子ども・子育て支援推進調査研究事業　ヤングケアラーの実態に関する調査研究報告書」p108

図表 7　家族の世話の有無×健康状態

		調査数（n＝）	よい・まあよい	ふつう	よくない・あまりよくない	無回答
						(%)
世話をしている家族	いる	660	62.1	27.0	10.9	0.0
	いない	12,568	71.2	23.9	4.7	0.2

※中学 2 年生、全日制高校 2 年生を合わせた結果。
（出典）三菱 UFJ リサーチ＆コンサルティング（2021）「令和 2 年度　子ども・子育て支援推進調査研究事業　ヤングケアラーの実態に関する調査研究報告書」p107

　医療や福祉の領域では、こどもや若者が、お見舞いや通院の付き添いをしている、祖父母の話し相手、年下のきょうだいの遊び相手をしているだけでも、ケアであり、それが日常化していないか、それ以外のこともしているのではないか、という視点で様子をみる、話を聞くことも重要である。また、ちょっとした買い物をして帰宅したこども、若者がいた時も、家の買い物もしているのではないか？　という発想を持つようにしたい。

　こどもがケアを担いやすい条件について指摘する研究もある。例え

ば、筆者らは2016年の大阪府高校生調査と、2018年に実施した埼玉県立高校の高校生約4,000名を対象とした質問紙調査の結果を分析したところ、①母親がケアを要する状態にある場合、②祖父母と同居している場合、③経済的に余裕がないと思われる（アルバイトをして家計を助けている）場合等に、こどもがケアを担いやすいという結果になった（濱島ら2023）。これらの条件もヤングケアラーに気づくきっかけとなりうるであろう。

（2）ヤングケアラーに気づく仕掛けを考える

　個々のスキルを上げることも重要であるが、ヤングケアラーに気づくための仕掛けを考えることも必要である。例えば、学校において、支援を要するとして会議の議題にあげるこども、家庭をスクリーニングするためのシートのチェック項目にヤングケアラーに関する項目（ケアを要する家族の有無、ケアをしているか否か等）を入れる、ケアマネジャーや相談支援専門員が用いているアセスメント、面談用のシートにヤングケアラーに関する項目を入れる等が考えられる。現在、退院支援を行う際、ヤングケアラーの有無を確認する項目を設けている病院もある。このような普段、用いるシートにヤングケアラーに関する質問項目、チェック項目を入れることは、ヤングケアラーに気づくための一助となりうる。

（3）教育現場における人的充実

　なかでもこどもと接する機会を多く持つ教育現場は、ヤングケアラーに気づく役割を担うことが期待されている。しかし、そのためには一人ひとりのスキルの向上もさることながら、教員、スクールカウンセラー、スクールソーシャルワーカー等を十分に配置することも重要である。実

際に地方自治体によっては、スクールカウンセラー、スクールソーシャルワーカーを補強する方針を示しているところもあるが、教員についても、学内での教育以外の負荷が大きいことが指摘されているように、その軽減に取り組む必要がある。教員が生徒と丁寧に関わる余裕ができれば、ヤングケアラーに気づくこと、相談にのることが今以上に可能となるであろう。先生がゆっくり話を聞いてくれて家のことを話せたという話、逆に先生が忙しそうで困りごとがあったが聞けなかったという話も聞く。こどもたちにとって、先生は自分の家族以外で信頼できる大人であり、その存在は大きい。

（4）こどもの気づきを促す前に

　複数の調査において、こども自身は自分がヤングケアラーであることを認識していないことが多いという結果が示されている。2020年度の厚生労働省による調査では、ヤングケアラー（家族の中に自分が世話をしていると回答した者）のうち、中学2年生では46.7％が、高校2年生では42.3％が、自分はヤングケアラーにあてはまらないと思うと回答している。大阪市と筆者らが2021年に実施した調査でも、自分はヤングケアラーだと思うかという問いに対して、ヤングケアラーの（ケアを要する家族がいて、自分自身もケアをしていると回答した者）33.8％が「いいえ」と回答している。

　周囲からすると、ヤングケアラー本人が自分のことを自覚し、SOSを出してくれれば、ヤングケアラーを把握しやすくなり、支援へつなぎやすくなるであろう。しかし、それを安易に求め、こどもたちへの周知・啓発、気づきの促しばかりを進めるべきではない。もちろん、何の躊躇もなく、自分がヤングケアラーであると自覚し、周囲に告げることができ、それによって差別、偏見を受けることもなく、適切に必要に応

図表 8　ヤングケアラーの自己認識（全国調査の結果）

〈中学 2 年生〉

		調査数〈n＝〉	あてはまる	あてはまらない	わからない	無回答 (%)
中学2年生		5,558	1.8	85.0	12.5	0.7
世話をしているいる家族	いる	319	16.3	46.7	33.2	3.8
	いない	5,203	0.9	87.6	11.1	0.4

〈全日制高校 2 年生〉

		調査数〈n＝〉	あてはまる	あてはまらない	わからない	無回答 (%)
全日制高校2年生		7,407	2.3	80.5	16.3	0.8
世話をしているいる家族	いる	307	15.0	42.3	38.8	3.9
	いない	7,030	1.8	82.5	15.4	0.3

（出典）三菱 UFJ リサーチ＆コンサルティング（2021）「令和 2 年度　子ども・子育て支援推進調査研究事業　ヤングケアラーの実態に関する調査研究報告書」p103、104

図表 9　ヤングケアラーの自己認識（大阪市での調査結果）

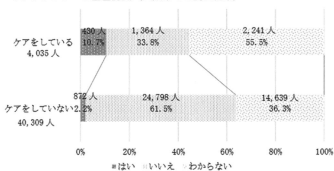

（出典）大阪市・大阪市教育委員会・宮川雅充・南多恵子・濱島淑恵（2022）「大阪市立中学校生徒を対象としたヤングケアラー実態調査報告書（家庭生活と学校生活に関する調査）」p35

じて支援がなされる社会になることを、将来的には期待したい。しかし
ながら、現在はその段階に至っていない。教員、医療・福祉の専門職、
地域住民の理解、ヤングケアラーの支援体制が不十分である現状で、こ
どもの認識だけを進めても意味がなく、むしろ自覚すること、周囲に話
すことにより、傷つく体験を増やす可能性もある。

　筆者の周囲のヤングケアラーは「話して失敗した」という経験を皆が
持っている。話しても理解してもらえなかった、逆に関係性が悪くなっ
た、叱られた等様々である。いずれも周囲の無理解による。まずはこど
もたちのそばにいる大人に周知・啓発を進め、支援体制を整えてから、
こどもたちへのアプローチを慎重に進めるべきであろう。

4 ヤングケアラーの支援

（1）家族への支援—ヤングケアラーのケア負担の軽減・解消

　ヤングケアラーの支援というと、「こどもに何かしてあげないと」と
思う方が多いかもしれない。しかし、まずはケアを要する家族や、ケア
を担っている大人のケアラーが大切にされ、支援されていることが大事
である。それが十分に行われていれば、こどもたちがケアを担おうとす
る機会は減る。安心して学校に行くことも、友達と遊ぶこともでき、家
族のケアを最優先させる必要はなくなると考えられる。したがって、ヤ
ングケアラーの支援の第一歩は、その家族を適切な医療、福祉につなぎ
しっかりサポートすることである。

　ヤングケアラーの家庭をみると、適切な医療、福祉につながっていな
いことも少なくない。筆者らによる2016年の大阪府高校生調査では、ヤ
ングケアラーの約3割が介護・福祉のサービスを利用していないと回答
しており、また2021年に大阪市とともに実施した大阪市立中学校の生徒

約46,000名を対象とした調査（以下、「大阪市中学生調査」という）では、ヤングケアラーの約4割が介護・福祉のサービスを利用していないと回答していた。もちろんサービスを利用するほどではないケースが多く含まれている可能性もあるが、こどもがケアを手伝うほどの状況にあることを考えると、十分にサービスが利用されているとは言い難い。

　実際に筆者が出会ってきたヤングケアラーからもこのような話を聞くことが多い。例えば、中学生から高校生の時まで祖母をケアしていた経験をもつ元ヤングケアラーは、大学に入ってから介護保険制度があることを知り、驚愕したという。そのような制度があるならもっと早く教えてほしかったと話していた。また、小学生のころから祖母のケアを手伝っていたヤングケアラーの家庭は、祖母がサービス利用を一度拒否してから、サービス利用について行政に相談する、十分に検討する余裕もなく、ただ一日一日乗り切ることで精いっぱいだったという。また、精神疾患の家族がいる場合、医療機関の受診を勧めても聞いてもらえず、症状は悪化し、ケア負担が大きくなっていったという話、精神的に不調になり始めた時の母を支えてくれる人がいたならば、自分がケアをするようにはならなかったのにという話も聞く。

　このように、ケアを要する本人が医療や福祉サービスの利用に積極的ではない、サービスについて調べる、検討する余裕がない、ニーズを有するケースが見過ごされている等の状況が見られる。ニーズを抱えながらサービスにつながっていないケースを見つけてアプローチすること、アウトリーチの必要性はよく指摘されるが容易ではない。しかし、逆に言えば、ヤングケアラーに注目することで、まだサービスにつながっていない家庭を見つけることができ、すぐには難しくとも、少しずつ関係性を築きながらサービスを入れていくきっかけにもなりうる。

　一方、すでに医療、福祉サービスにつながっているケースももちろん

ある。神戸市は全国で初めてヤングケアラーのための相談窓口を設置し
たが、そのきっかけは20代の保育士がケアをしていた祖母を手にかけて
しまったという痛ましい事件であった。このケースにも介護保険サービ
スは入っていた。介護保険サービスと家族によるケアの両方を組み合わ
せて何とか祖母の生活を支えていたが、平日の夜と休日のケアを担うな
かで20代のいわゆる若者ケアラーは疲弊し、事件へと至ってしまった。
また、筆者の知るヤングケアラーの中には、精神疾患の母親のためにヘ
ルパーが来てくれるけれども、母親の分の家事しかしてもらえないた
め、母親の感情的サポートと家事を幼いころからしていたと話す。ま
た、母についていたソーシャルワーカーが家庭訪問をしてくれ、自分の
話も聞いてくれたことはあるが、その後、特に何かしてくれたわけでは
なく、「（こどもがしっかりしているし）大丈夫だと判断されたのだと思
う」という話も聞いたことがある。

　サービスを利用していてもこどもたちがケアを担っているケースは少
なくなく、大阪府高校生調査では約5割、大阪市中学生調査では約3割
が該当した。また、大阪府高校生調査では、ケアを要する家族がいる高
校生でも、介護・福祉サービスを利用している場合の方がケアを担いや
すいという結果も示されている（濱島ら2023）。サービスを利用してい
てもこどもたちがケアを担っている事実は重く受け止める必要がある。

　上記を踏まえると、サービスを利用しているケースであっても、家族
（大人のケアラー）やヤングケアラーの負担に注意を払いながら、ケア
プラン、支援計画を練り直す必要が指摘できる。また、公的なサービス
だけではカバーできないケア（祖母の見守りをする、母親を精神的に支
える等）があれば、インフォーマルなサービスの利用可能性を検討する
ことも必要である。

　特に、近年、ヤングケアラーのいる家庭への家事、育児の訪問サービ

ス、お弁当の宅配等のサービスに取り組む自治体が出てきている。このように公的な制度とは別枠でのサービス提供は、ヤングケアラーとその家族に追加の選択肢を与えるという点で評価できる。

　上記のようなケアを要する家族をサポートするサービスのみならず、大人のケアラーの支援、一般の家族介護者支援も再度見直す必要がある。こどもだけがケアをしている場合もあるが、祖母のケアを父親としている、障がいを有するきょうだいのケアを母親としている等のケースもある。家族のケアもしている親の負担があまりに大きく、何とかそれを助けたくて、または親も倒れてしまっては大変だから等の理由で、こどもがケアを始めるケースが少なくない。しんどいヤングケアラーの後ろには、しんどい大人のケアラーが存在している。

　このような大人のケアラー、いわゆる家族介護者支援の必要性は古くから指摘されており、十分に取り組まれているという印象を持つ人も多いかもしれない。しかしながら、そうとはいいがたく、介護保険制度であっても家族介護者支援は任意事業にとどまる。介護殺人、介護心中といった痛ましい事件が今なお報じられるが、そのようなことが起こる一因には、家族介護者がサポートもないまま追い詰められていく環境がある。その家庭にこどもがいれば、こどもがケアをするようになる。ケアを要する家族ではなく、ケアを担う家族の話を聞き、寄り添い、家族介護者のニーズに合わせたサービスを考える、そのような家族介護者支援を目的とした専門の機関、専門職が日本にはまだない。ヤングケアラーの支援を考えるのであれば、大人のケアラー、家族介護者の支援のあり方を検討する必要がある。日本ケアラー連盟は以前よりケアラー条例の制定を提唱しているが、ヤングケアラー支援は大人のケアラー支援と一体的に展開する必要がある。

　最後にひとつ加えると、ケアサービスだけでなく、経済的な支援も有

効である。経済的理由でサービスを利用できない、親が精神的に不安定になる場合もある。また経済的に安定することでヤングケアラーはバイトをしなくて済むようになり、自分のために使う時間を確保できることもある。

（2）こどもへの支援―ケアをしながらも自分の人生を歩む

　先に述べたように、家族への支援を行ったとしても、どうしても本人がサービスを嫌がる、ニーズに合ったサービスがない等の理由で、ケアがゼロになるとは限らない。例えば、母親は自分にしか体を触らせなかったので、ヘルパーは利用していても、入浴介助等はこどもが担い続けたケースや、長時間にわたる母の愚痴を聞くのはやはりこどもである自分の役割だったというケースもある。ケアを担いながらも、健康を保ち、学校生活を送り、自分の人生を歩めるように、こども自身への支援が必要となる。

　ここではまず大阪市中学生調査および2022年に大阪府が実施した府立高校生を対象とした調査（以下、「2022年大阪府高校生調査」という）の結果から、ヤングケアラー自身が望んでいるサービスを考えてみたい。

　「あなたが、今、ほしいと思うサポートや支援」の回答結果をみると、「勉強のサポート」が最も多く（52.0％）、次いで「家族や自分のことについて、一緒に考えてくれる支援」（16.5％）、「経済的な支援」（11.1％）、「家事のサポート」（11.0％）と続いた。

　「あなたが、介護、お手伝い、精神的サポートをしてきて、学校、社会、周囲の人などに対して思ったことがあること」の回答結果をみると、「家族だから当たり前のことをしているだけだ」が最も多く3割近くを占めた。次いで「同じようなことをしている中学生と出会ってみたい」（15.4％）、「自分のしていることの価値を、周りの人に認めてほし

図表10　中学生ヤングケアラーのほしい支援

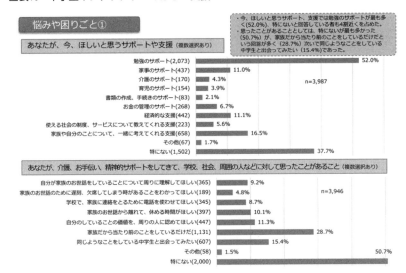

（出典）大阪市・宮川雅充・南多恵子・濱島淑恵（2022）「大阪市中学校生徒を対象としたヤング
　　　　ケアラー実態調査（家庭生活と学校生活に関する調査）調査結果速報」より。

い」（11.3％）、「家族のお世話から離れて、休める時間がほしい」
（10.1％）と続いた。

　家事のサポート、勉強面のサポート、休める時間、経済的支援、ヤン
グケアラーとの出会い、一緒に考えてくれる支援といったものが並ぶ。

　なお、国が2020年に実施した中高生を対象としたヤングケアラーに関
する全国調査では、自由記述で要望、求める支援を尋ねている。そこに
は、経済的な支援、家事の支援、休める時間を求める声や福祉サービス
の充実、（学校とは別に）話を聞いてくれる人等があげられており、大
阪市の調査と重なるところがある。

　これらの調査も踏まえながら、ヤングケアラーに必要だと思われる支
援を4つに整理した。第1に、同じような立場のこどもたちと出会える
場、交流できる場が必要である。これによって孤立、孤独を解消できる

だけでなく、様々な悩み（ケアの方法がわからない、学校との両立が難しい、家族との関係に悩んでいる、将来、ひとり暮らしがしたいがどうしたらいいのか等）について、同じ立場で相談できる、愚痴を言うこともできるとともに、先輩ヤングケアラーからアドバイスを得ることもできる。

　第2に、勉強面の支援、第3に食事・家事の支援があげられる。ヤングケアラーは遅刻、欠席が増える、また家で勉強することができない等の理由で勉強面の遅れが生じることが少なくない。また、家事を担うといっても十分な食事を用意することは難しく、毎日の家事は負担になる。そのような状況からこれらの支援の必要性が指摘できるが、これは既に地域で行われてきた学習支援やこども食堂等の支援と重なるところがある。既存の地域の支援活動に「ヤングケアラー」という視点を入れること（ヤングケアラーも利用できるようにする、すでに利用しているヤングケアラー同士が交流できるようにする、お手伝いの話を少し丁寧に聞く等）によって、これらの活動もヤングケアラー支援として有効となるであろう。

　第4に、レスパイトサービスがある。これは小休止のサービス、つまりケアから離れてちょっとお休みをするためのサービスを意味する。先ほどの調査結果と照らし合わせると、ケアから離れて休める時間がほしい、という声があったが、それに該当する支援と言えよう。イギリスのヤングケアラー支援団体で活発に取り組まれており、いくつもの楽しく過ごすためのプログラムが用意されている（澁谷2018）。これによりケアから離れて多様な経験をすることができる、こどもとしての自分を取り戻すことが可能となる。

　ケアを要する家族がいて、負担が大きいケアを担わなければならない状況は変わらないとしても、ケアから離れて等身大の自分に戻ることが

できる、ホッとできる時間や場所があることは、彼らが生き延びるために不可欠である。

（3）寄り添う支援

　最後に寄り添う支援を挙げたい。大阪市の調査では、一緒に考えてくれる人がほしいという声があった。筆者もヤングケアラーたちと話をしていて、もしかするとこれが最も欲しいと思われている支援ではないかと感じることがある。

　日々生じる不安に寄り添って受け止めてくれる、ただ、話を聞いてくれる存在、日々生じる細かな悩みや困難（学校や役所に提出する書類の書き方がわからない、卒業式や入学式には何を用意すれば良いのか知りたい等）について相談にのってくれる、手伝ってくれる存在、ケアと学校との両立について、将来のこと（進学、就職等）について、相談にのってくれる、必要な場合は代弁してくれる存在など、常に寄り添い自分側の立場で支えてくれる人が必要とされている。

　これは誰が担ってもよく、誰もが担ってほしい支援でもある。教員、医療や福祉の専門職、民間の支援団体、地域の人等、様々な可能性がある。常に周りに自分の理解者、味方がいて、その時々の状況や自分の好みに合わせて、頼る人を選べることが理想的であろう。

5　ヤングケアラー相談窓口の設置と多職種連携のネットワークづくり

（1）ヤングケアラー相談窓口の設置

　身近なところに、ヤングケアラーの相談窓口の設置を進める必要がある。学校、医療や福祉の現場、地域等でヤングケアラーに気づいたとき、つなぐ先が必要である。また、安心して相談できる場を求めている

　ヤングケアラー自身や、こどもにケアをしてもらっていることで悩む保護者もいるであろう。そのような人たちが、まずはどこにアクセスすれば良いか明確にする必要がある。

　この相談窓口が果たす役割は様々ある。第1に、ヤングケアラーと家族の情報を収集し、家族の全体像を把握する。これは連絡があった機関、組織、人からだけでなく、その家族が利用しているサービス関係者、地域の支援者、学校、本人、保護者等、可能な範囲ではあるが、様々なルートで情報を収集する。それぞれが有している情報、見えている家族像は異なる。それらを集約し、整理しなおす必要がある。

　第2に、収集した情報をもとに、ヤングケアラーという視点で家族を捉えなおすことが重要である。家族としては生活が回っていても、こどもが無理していないか、こどもの犠牲の上に成り立っているのではないか、こどもがどのような思いを持っているのか等を再考する。

　第3に、それを関係者で共有する機会を設けることが必要である。関係する機関、組織、支援者に声をかけ、多職種で集まり、①ヤングケアラーが置かれている状況、抱える思い、ニーズ、②家族が抱える問題、ニーズを共有し、③共通の援助目標をたて、④それぞれの役割を確認する、という機会を設ける必要がある。これによって、それぞれの立場からは見えなかった家族の状況、こどもの思いを新たに認識することができ、こどもを資源として捉えることなく、ヤングケアラーとその家族の支援を行うことができるようになる。この多職種連携の会議は、1回で終わることもあるが、随時または定期的に複数回行う場合もあり、それはケースの状況に応じて、判断する必要がある。

　ヤングケアラーの支援は多領域にまたがることが少なくない。例えば、認知症の祖母がいて、そのケアをしていた母親が精神的に不安定になり、祖母のケアと母親の感情的サポート、家事を担っている中学生の

図表11　連携できる相手【障害者福祉領域】（複数回答）

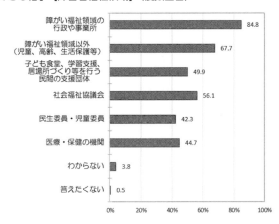

n=1,548

※大阪府の居宅介護支援事業所・地域包括支援センターの長による回答結果。

図表12　連携できる相手【高齢者福祉領域】（複数回答）

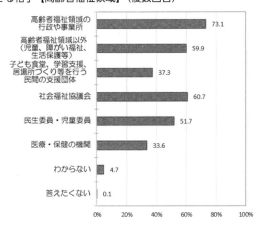

n=421

※大阪府の特定相談支援・障がい時相談支援事業所、機関相談支援センターの長による回答結果。
（出典）令和4年度大阪府福祉部地域福祉推進室地域福祉課・濱島淑恵・南多恵子・尾形祐己
　　　（2023）「ヤングケアラー支援に向けた実態調査の結果について【速報版】」大阪府

こどもが、最近、不登校気味になっているというケースの場合、介護保険、障害者福祉、保育サービス、生活保護、精神科医療、ヤングケアラーの家庭用の家事サービス等の利用が考えられ、学校とのやりとりも必要となるであろう。またこども自身にはケアから離れられる場としての居場所やレスパイトサービスの利用、学習面のサポートの利用も考えられる。

　関わる機関、組織等もフォーマルからインフォーマル含めて、実に多

図表13　自治体におけるヤングケアラー支援体制の基礎構築

1．周知・啓発―YC とその家族に理解ある地域づくり
教員、医療・福祉の専門職、地域の支援者対象の研修会等の実施

2．現場で YC に気づくための仕組みづくり

気づく力を養うための研修会の開催

気づくための仕掛け（ヤングケアラーに関するチェック項目入りシート等）

教育、福祉現場等の人的充実

3．YC とその家族を対象とした支援体制づくり―具体的なサービスの整備

A．家族への支援

既存のサービス、介護者支援の見直し、整備（家族を資源としない支援計画の作成、介護者支援の整備、充実）

YC がいる／YC になりそうな子どもがいる家庭へのサービスの整備（お弁当、家事、育児サービス、経済的支援等）

B．こどもへの支援

既存のこどもの支援活動の工夫（こども食堂、居場所、学習支援等）

YC を対象とした支援（YC の交流の場、レスパイト事業、プチ家出、奨学金等）

4．ヤングケアラー支援の拠点の設置
（個別の相談支援、サービスのコーディネート、多職種連携、ネットワーキング）

ヤングケアラーの相談窓口
（専門窓口／既存の窓口に機能を追加）
※複数あってもよい。

※ YC= ヤングケアラー

（筆者作成）

岐にわたる。これらをヤングケアラーやその家族が自ら調整して、利用することは非現実的といってもよく、各機関、組織等が各自で連携することも容易ではない。

　2015年に、日本ケアラー連盟が行った学校の先生に対する調査では、学校がヤングケアラーの支援の際に連携した先は、児童福祉関係、生活保護関係が主になっている（日本ケアラー連盟2015）。また、大阪府下の高齢者福祉領域のケアプランを作成する事業所（居宅介護支援事業所、地域包括支援センター）、障害者福祉領域の支援計画を作成する事業所（特定相談支援・障がい児相談支援事業所、基幹相談支援センター）を対象とした調査では、自分と同じ領域の事業所、行政の部署との連携はできると考えている者が多いが、インフォーマルなこどもの支援との連携は難しさを感じているところが少なくないことがうかがえる。

　普段の業務で関わりの少ないところとの連携を進めるためにも、ヤングケアラーの相談窓口を設置し、コーディネートを行い、多職種連携を行うネットワークを形成する必要がある。なお、このような多職種、多機関を巻き込んだ情報収集、会議のセッティング等は、多くの場合、インフォーマルな一民間団体が行うことには限界があると考えられる。相談窓口は行政機関に設置する、民間委託を行うとしても、行政がしっかりフォローアップをする等、行政としての責任を果たすことが重要である。

（大阪公立大学大学院現代システム科学研究科准教授　**濱島淑恵**）

第2節　支援活動事例

1 神戸市における
ヤングケアラー支援の実践例

1）神戸市のヤングケアラー発見・支援の仕組み

（1）日本で最初のヤングケアラー相談窓口設置までの経緯

　神戸市は日本で初めてヤングケアラーの相談窓口を設置した自治体として広く知られている。2020年、神戸市において、20代の保育士がケアをしてきた自分の祖母を手にかけてしまったという痛ましい事件の判決が出されたことから端を発している。当時、立ち上げて間もないヤングケアラーの当事者会「ふうせんの会」のつどいでも話題になり、「ひとごととは思えない」、「自分もいつこうなっていてもおかしくなかった」等の声があがった。筆者自身にとっても、本当に追い込まれてしまうと、このような事態に至ることもあること、社会的なサポートが不可欠であることを再認識させられた事件である。

　この裁判の判決は、少しずつ周知が進んでいたヤングケアラーに該当するのではないかということで多くの注目が集まり、当時の神戸市長はヤングケアラーに関する対策を早急に整えることを宣言した。そして、その約半年後に神戸市こども・若者ケアラー相談・支援窓口を設置した。

　余談になるが、筆者は、たまたまそのプロセスの一部を垣間見る機会を得た。わが国ではまだ前例のない取組みであるにも関わらず、神戸市職員が総力をあげて、短期間でヤングケアラー支援体制を築いていく様

子を目の当たりにしたわけだが、その凄まじいエネルギーは今でも印象に残っている。フロンティアとはこういうものなのであろう。

　窓口設置までの経緯を簡単に紹介すると、2020年11月、福祉局、こども家庭局、健康局、教育委員会事務局によって構成される庁内プロジェクトチームが設置され、一斉に関係機関、（元）ヤングケアラー、研究者等へのヒアリングが行われた。筆者のところにもヒアリングに訪れたが、後の節で紹介されるふうせんの会のメンバーもヒアリングを受けた。

　このように、ヤングケアラーとはどのような存在であるか、現状と必要な支援について聞き取りを行った結果、相談できる相談・支援窓口、身近な人々の理解、（元）ヤングケアラー同士が交流できる場が必要であることを確認し、それに基づき、ヤングケアラーの支援体制が検討されていった。

　2021年4月にはこども・若者ケアラー支援担当を設置し、マニュアルの作成、アセスメントシート、チェックシートの作成が進められた。さらに、こども・若者ケアラー支援連絡会の設置により、関連する庁内の部署間の連携体制を強化する体制も整えられた。これらの準備期間を経て、同年6月にこども・若者ケアラー相談・支援窓口が開設された。

（2）こども・若者ケアラーの把握・支援体制

　神戸市では、一般の人々にもわかりやすいよう、また20代の若者も支援の対象にしていることからヤングケアラーではなく、「こども・若者ケアラー」という言葉を用いている。相談から支援までの流れは図表14を参照されたい。

　特長としては、独立したヤングケアラー専門のこども・若者ケアラー相談・支援窓口を行政内部に設置している点である。ただし、こども・

図表14　神戸市におけるヤングケアラーの発見・支援の流れ

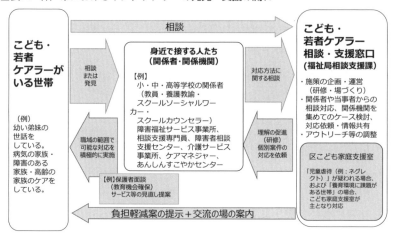

（出典）神戸市区役所保健福祉部職員向け研修資料、https://web.pref.hyogo.lg.jp/kf03/documents/02_shiryou2-yoshimuraiinsetumeishiryo1108.pdf

若者ケアラー相談・支援窓口が全ての相談を受け付けるのではなく、言うなれば2段階方式になっている。学校、福祉の機関、事業所等がこども・若者ケアラーに気づいた場合、またはこども・若者ケアラーの世帯から相談があった場合、まずは当該機関、事業所で可能な対応を検討し、実施する。そして、対応が難しい、多機関との連携が必要等の場合に、こども・若者ケアラー相談・支援窓口につなぐことになっている。

①学校、福祉の現場での発見・支援

　各機関、事業所等における、ヤングケアラーへの気づきや対応方法については『神戸市こども・若者ケアラー支援関係者（福祉・教育・医療）用マニュアル』に具体例が示されている。例えば、学校であればこどもから直接家族のケアに関する相談を受ける、または家族の世話のために欠席、遅刻をする、部活を休む等があった場合、生徒指導連絡会や各種打ち合わせ等で、生徒の状況を共有すること、ケアラーであること

による本人への影響、課題の有無、程度について確認、共有することとしている。さらに、学校でできる対応として、保護者との面談、こどもへの声かけや見守りを行う等が例として挙げられている。マニュアルに記載されている例以外にも、学校でできることとしては、教育上の配慮（機械的に罰しない、宿題の締め切りをのばす等）、学習のサポートをする等が考えられよう。なお、学校内での対応と並行して、スクールカウンセラー、スクールソーシャルワーカー、教育委員会との連携（情報共有、専門的な助言を受ける）、区のこども家庭支援室への連絡、相談を行うこととされている。

　障害者福祉、介護・高齢者福祉の福祉機関、事業所であれば、業務のなかでヤングケアラーに気づいた際、まずは障害福祉サービス、介護保険サービスの（利用）計画やケアプランの見直しによるケア負担の軽減を検討するとされている。それだけでは状況改善がなされない場合、障害者相談支援センター、地域包括支援センターに連絡し、会議等において、ケアの対象となる者の情報整理を行うとともに、こども・若者ケアラーの状況の整理、共有、他の家族の状況の整理、共有を（分かる範囲で）行う。さらにどのような対応ができるか検討することとされており、例として、上述した障害福祉サービス、介護保険サービスの利用（計画）の見直しに加え、他の施策の案内、学校や他の福祉サービスや地域との連携、契約者等の意識変革の促し等が例として挙げられている。なお、これらの例以外にも、家族のケアを担う大人のケアラー（ヤングケアラーの親等）に寄り添い、支える、ヤングケアラー自身に声をかける、様子を見守る、ヤングケアラーに（ケアを担いすぎないよう配慮しながら）ケアの方法を教える等もできるだろう。

　また、学校、福祉の関係機関、事業所、いずれにおいても、必要であれば、こども・若者ケアラーに対して、神戸市こども・若者ケアラー相

談・支援窓口を紹介することとされている。

　なお、神戸市こども・若者ケアラー支援関係者（福祉・教育・医療）用マニュアルには、こども・若者ケアラーに接するときに大切なこととして、「ケアを担っていることを否定しない」、「こども・若者ケアラーであることを公にしてほしくないケースへの配慮」等も記載されており、参照されたい。

②こども・若者ケアラー相談・支援窓口

　神戸市こども・若者ケアラー支援関係者（福祉・教育・医療）用マニュアルでは、まずはこども・若者ケアラーに気づいた現場で対応するが、それが難しい場合、職域を超えた対応が必要な場合等は、こども・若者ケアラー相談窓口等に連絡、相談することになる。ただし、18歳未満のこどもケアラーのケースは、各区役所のこども家庭支援室が、18歳以上の若者のケースは、こども・若者ケアラー相談・支援窓口が担当することになっている。そして、区役所で支援していた対象者が18歳に到達した場合は、区役所から相談・支援窓口に引き継がれる。

　こども・若者ケアラー相談・支援窓口はヤングケアラー支援の拠点としての役割を担っており、おおむね以下のような機能を有していると言える。

　第1に、周知・啓発の機能がある。これは特に窓口開設前の準備段階から今日に至るまで精力的に担っている役割である。研修会の開催、ホームページの開設、ちらし、ポスター等の作成、配布、市内の高校と協働した啓発動画の作成等により、ヤングケアラーに関する理解と窓口についての周知を進めている。

　特にアウトリーチには力を入れている。開設当初は世間一般におけるヤングケアラーに関する認知度はまだ低く、正しく理解されていないことが多くみられた。また、専門職の間であっても、ヤングケアラーは児

童福祉や学校の問題であり、障がい福祉、介護、高齢者福祉、生活保護、地域福祉等、他領域にはあまり関係ないという認識も強かった。そこで、神戸市では、窓口開設直後からアウトリーチを積極的に行い、市内の学校、福祉の関係機関を訪問し、ヤングケアラーと窓口を説明して回った。最近では生活支援課（生活保護担当）と協力し、現在、生活保護を受給しているケースに、ヤングケアラーがいる家庭がないか、見直しを進めた。その結果、数多くのヤングケアラーへの気づき、相談へとつながっている。

　ヤングケアラーと窓口に関する周知・啓発が進まなければ、ヤングケアラーの発見・支援の枠組みをつくっても、それは機能しない。実際、こども・若者ケアラー相談・支援窓口も開設当初の相談件数は伸び悩んでいたが、アウトリーチを積み重ね、周知が進むにつれ、相談件数は増加していった。

　第 2 に、当然ながら、個別に相談支援を行う機能を有している。こども・若者ケアラー相談・支援窓口に社会福祉士、精神保健福祉士等の資格を有する相談員 4 名がおり、来所、電話、メールでの相談を受け付けている。上記のような学校、関係機関・事業所等から相談ケースがつながるだけでなく、こども・若者ケアラー本人やその家族からの直接の相談もある。受け付けたケースについて、（ケースによって異なるが）教員、専門職、こども・若者ケアラー本人や家族等から話を聞き、寄り添い、相談にのるとともに、利用できる公的なサービス、制度の紹介、つなぎを行う。

　近年ではヤングケアラーのいる家庭を対象とした訪問支援サービス等が兵庫県、神戸市において提供されており、その紹介、つなぎも行っている。詳細は図表15の通りである。また、神戸市にはこども・若者ケアラーの交流、情報交換の場として「ふぅのひろば」（図表16）がある。

図表15　神戸市・兵庫県のヤングケアラーがいる家庭へのサービス

	こどもケアラー世帯への訪問支援事業	ヤングケアラー配食支援モデル事業
自治体	神戸市	兵庫県
対象	神戸市内に住み、18歳未満のこどもケアラーがいる世帯。こども・若者ケアラー相談・支援窓口、または区のこども家庭支援室に相談があった中から、市が支援の必要性を判断する。	兵庫県内に住み、兵庫県ヤングケアラー・若者ケアラー相談窓口、神戸市こども・若者ケアラー相談・支援窓口に相談があったヤングケアラー、若者ケアラーのうち、配食支援が必要と認められた家庭。
支援内容	・家事や育児の支援 例）食事の準備、後片付け、衣類の洗濯、補修、居室等の清掃、整理整頓、生活必需品の買い物、家庭の児童の生活、育児環境の整備 ※大掃除、衣替え、医療行為等は対象外	・お弁当の配食（対面） 　※2022年度は置き配もあり ・ケアが必要な家族に対する市町、関係機関と連携した支援
期間・回数・利用料	原則3か月以内・2時間／回　4回／月上限・無料	原則3か月間・週1回・世帯人数分・無料

（神戸市、兵庫県の資料より筆者作成）

　若者支援を行ってきた「こうべユースネット」が神戸市より委託され、2021年10月から運営している。これは、（元）ヤングケアラーのヒアリングであがってきた、「ヤングケアラー同士が交流できる場がほしい」という意見を踏まえ、神戸市が早くから取り組んだことのひとつである。

　第3に、アドバイザー機能を有している。先述したように、学校や医療、福祉の現場において、対応が難しいこども・若者ケアラー（と思われる）ケースが窓口には持ち込まれる仕組みになっている。そこでヤングケアラー支援の専門機関として、対応についてともに考え、助言等を

図表16　「ふぅのひろば」の案内（名刺型カード）

（表）　　　　　　　　　　　（裏）

（出典）こうべユースネットホームページより
https://www.kobe-youthnet.jp/?page_id＝2280（最終閲覧日2023年 6 月30日）

行っている。

　第４に、多機関・多職種連携のコーディネーターとしての役割がある。学校や医療、福祉の現場から持ち込まれたケースは、複合的な課題を抱え、一領域の一機関では対応できないことが多い。その際、窓口が関係機関からの情報の収集、共有、調整を行う。また、時には関係機関が一堂に会する個別支援会議を開催し、「ヤングケアラー支援」という視点をベースにした多機関・多職種連携に基づく支援を進める。

２）現在の相談状況

　2023年３月31日時点、支援を行っている件数は148件となっている。内訳をみると相談経路は行政等が最も多く、次いで学校が多い（図表17参照）。行政、学校との連携が進んでいることがわかる。

　また、年代（所属）で分けると、こどもケアラーに該当するのは119件（内訳は小学生43件、中学生52件、高校生23件、無所属１件）、若者ケアラーは29件（内訳は高校生３件、専門学校生２件、大学生４件、社会人20件）である。小中学生のヤングケアラーが多く、見えにくい低年齢のヤングケアラーが支援につながってきている様子がうかがえる。

　世帯の種類（図表18）では、母子世帯が最も多く59件、次いでふたり親世帯が45件（そのうち親に障害（傷害）がある世帯は36件）となっている。

図表17　神戸市こども・若者ケアラー相談・支援窓口への相談経路

（2023年３月31日時点で支援を行っている148件の内訳）

相談経路	本人	家族	行政	学校[注]	高齢関係	障害関係	医療	ふぅのひろば	その他
件数	8	19	54	40	8	9	3	2	5

注：スクールソーシャルワーカーも含む。　　　　　　　　　（出典）神戸市資料より

図表18　神戸市こども・若者ケアラー相談・支援窓口相談ケースの世帯の種類

(2023年 3 月31日時点で支援を行っている148件の内訳)

世帯の種類	母子世帯	祖母と孫の世帯	親に障害(傷害)世帯	きょうだいに障がい世帯	きょうだいのみの世帯	父子世帯	その他
件数	59	12	36	9	4	10	18

(出典) 神戸市資料より

3) 多機関・多職種連携による支援事例

　ヤングケアラー支援には多機関・多職種連携が不可欠であり、その調整役はヤングケアラー支援の拠点として最も重要な役割の一つといえる。ここでは、こども・若者ケアラー相談・支援窓口の相談員が中心的な役割を果たし、連携を進めることによって支援を展開した例を紹介したい。なお、プライバシー保護のため、事例には多少の変更を加えていることをご了解いただきたい。

case 1　A さんの事例　障害者相談支援センターからの連絡

①きっかけ

　障害者相談支援センターより、父親の支援に入っているが、そのこどもがヤングケアラーに該当するのではないか、という連絡がこども・若者ケアラー相談・支援窓口に入った。家族構成は父、母、子(A さん)で、父親は障害を有し、介助が必要であり、母親は複数の疾病を抱え、うつ状態にある。A さんは父親の介助、服薬管理、母親の精神的サポートを主に担っている。両親に合わせて生活しているため、生活リズムが崩れがちであり、不登校気味になっているとのことであった。

　障害者相談支援センターの担当者からは、「家庭の環境、状況をみる

と気になる点が多いが、こどもは当機関の主たる支援対象者ではないため、どうしたらいいのか。他の機関も気になっているのではないかと思う。」とのことであった。何となく支援の必要性は感じているものの、自分たちの業務範囲を超えてしまうこと、他の機関の考え、動きが把握できないこともあり、これ以上のアプローチを行うことの難しさを感じている様子であった。

　相談員は、こども・若者ケアラー相談・支援窓口であればこどもであるＡさんを対象とした支援が可能であり、そのための連絡調整役を担えることを伝え、一度、関係する機関、組織等と情報共有、課題整理を行うことを提案した。その結果、障害者相談支援センターより同意を得て、他の関係機関にも声をかけ、支援会議を行う運びとなった。

②支援会議の経緯

　1回目の支援会議は、障害者相談支援センター、計画相談事業所、区のこども家庭支援担当、スクールソーシャルワーカー、こども・若者ケアラー相談・支援窓口の相談員が集まった。こども・若者ケアラー相談・支援窓口の相談員は次の3点を会議の目標とした。

❶　本人が置かれている家庭環境の改善に向けた、家族全体が抱える多様な課題（介護、就労、経済状況、障がい、疾病、こどもの不登校状態等）の情報共有と共通認識の形成
❷　支援対象を本人（Ａさん）に絞り込む
❸　各機関、組織の役割の明確化（今できること、スモールステップの支援に向けて）

　会議では、それぞれの機関が有する情報が共有され、断片的になっていた情報が統合されることで家庭の全体像、今日に至るまでの経緯、家

族それぞれの人柄、思い等について、理解を深めることができた。また、家族が抱える困難だけでなく、Ａさんが置かれている環境とそれによる困難について皆で確認し、Ａさんへの支援の必要性についても共通認識を持つことができた。さらに、母親の意思については、誰も確認していない等、他の機関の誰かがしているだろうと思っていながら、実は抜け落ちていた部分が明確になった。

　以上を踏まえたうえで、「ヤングケアラー支援」という視点でもう一度家庭をみつめ直し、話し合いを行った。その中でＡさんが、数か月後に行われる学校行事への参加を望んでいるという情報が共有された。そこで、支援目標を以下に設定した。

❶　Ａさんが学校行事に参加できるようにすること
❷　❶に向けて週３日の登校を行えるようにすること
❸　そのためにＡさんの生活リズムを整えるよう環境調整のアプローチをすること

　会議の最後に役割分担を行い、①区はかかりつけ医に連絡し（病状、薬等に関する確認）、両親との面談を行う、②障害者相談支援センターが母親と面談を行い、意思を聞き取る、③計画相談事業所は支援に入っているホームヘルパーから日常的に家庭の様子について情報を収集し、整理する、④スクールソーシャルワーカーはＡさんが登校した際の学校での対応の検討と学校内での体制づくりを進めることにした。そして、こども・若者ケアラー相談・支援窓口は、各機関からの情報を集約し、共有、連絡調整を担うことになった。

　２回目の支援会議は、１回目の支援会議から約４か月後（学校行事が行われる前）に開催した。参加者は障害者相談支援センター、計画相談

事業所、A さんが通う学校の校長、担任、区のこども家庭支援担当係長と生活保護のケースワーカー、こども・若者ケアラー相談・支援窓口の相談員である。2 回目の会議の目標は、①第 1 回の支援会議以降の進捗状況の報告、そして今回は学校の教員が参加していることから、②学校からの情報を共有することとした。

　区のこども家庭支援担当者からは、両親との面談結果について次のような報告があった。両親は A さんが学校に行っていないことを気にかけており、それに関する訴えはある（これを受け、教育委員会の支援施設があることを紹介している）。そして、A さんの生活リズムが崩れがちであることについては、親の服薬の時間や（夜間に行う）趣味のためにそうなってしまうという説明があったこと、両親の生活改善に向けた意識づけの必要もあること等について、共有された。

　障害者相談支援センターからは、母親との面談を行った結果、母親には強い経済面に対する不安があることがわかり、まずは利用できる制度があることを紹介したことが報告された。さらに、これまで障がいを有する父親のみが支援対象であったが、母親への支援も検討されることになった。また、計画相談事業所からは、ホームヘルパーからの情報を整理し、日々の家庭の様子について報告があった。

　学校では、今回、この会議に参加することによって、学校側からは見えにくい A さんの家庭の内部事情を理解することができたこと、今後はそれを踏まえながら、A さんに寄り添い、A さんや保護者への面談、対応、家庭訪問等を行うこと、学校行事への参加に向けた説明を行うことになった。

　最後に、支援目標である学校行事の参加に向けて、各機関が行うことを具体化し、継続的に学校と情報共有を行うことになった。

　3 回目の支援会議は、学校行事も終わり、約 4 か月後に開催された。

参加者は障害者相談支援センター、計画相談事業所、A さんが通う学校の校長、スクールソーシャルワーカー、区のこども家庭支援担当係長と生活保護のケースワーカー、こども・若者ケアラー相談・支援窓口の相談員である。ここでの目標は、前回支援会議以降の進捗状況の報告と学校との情報共有とした。

　学校からは、A さんが学校行事に参加できたこと、学校内での受け入れ体制も整えていたため、良い雰囲気で迎え入れ、A さんも打ち解けることができ、その後も毎日登校しているとのことが報告された。

　計画相談事業所からは、両親の生活リズムはなかなか変わらないものの、A さんを親の生活リズムから少し切り離すことができそうであるという報告がされた。また、障害者相談支援センターからは母親の制度利用が始まったこと、その他、経済面の不安についてアドバイスをしていることが報告された。

　区からは、最近は保護者からの不安の訴えもなく、少し落ち着いている様子であるとの報告があった。

③ヤングケアラー支援に向けた多機関・多職種連携

　A さんの事例は今後も継続的な支援が行われていくことになるが、ここまでの経緯を振り返ってみたい。まず、関係機関が一堂に会し、情報を共有することで家族の全体像を理解できるようになっている。この点は多機関・多職種連携による効果と言えよう。

　特に、ヤングケアラー支援の事例としては、その後「視点の転換」を行っているところに注目すべきであろう。「ヤングケアラー支援」の視点でケースを捉え直し、共通の支援目標を設定している。このプロセスを入れることがヤングケアラー支援を行う上で重要となる。また、こども・若者ケアラー相談窓口の相談員は特に「スモールステップ」を目指したと言う。課題は山積し、多領域にわたるが、まずは A さんの思い

に寄り添いながら、達成可能な身近な目標を集まった関係機関が共通目標として掲げることを意識的に行ったとのことである。

　そして、その目標達成のために、それぞれ機関が役割を明確化し、遂行していくことで、家族への支援が進み、生活環境の改善も少しではあるが、見られるようになった。さらに、学校の理解、協力も得られ、結果として、こどもが学校に馴染み、登校できるようになった。

　ヤングケアラー支援という視点を導入した多機関・多職種連携を行うことで、家族の抱える問題へのアプローチとこどもの支援を並行して行い、母親、父親、こどもそれぞれにサポートがあり、頼れる存在がいる状態が作られつつある。全てのケースでこのように順調に進むわけではないが、ヤングケアラーの相談窓口を設置することの意義がわかる事例と言えよう。

4）神戸市におけるヤングケアラー支援の特長と意義・課題

　神戸市の取組みは一定の効果をあげていると言える。その理由を探るに際し、ヒントとなるであろう、いくつかの特長を示したい。

　第1に、ヤングケアラーの独立した専門窓口を設置することの効果が見られる。これにより、ヤングケアラーに出会った際、どこにつなげば良いか、またヤングケアラーやその家族がどこに相談すれば良いかが明確になった。また、窓口を神戸市という行政が運営している意味もあり、行政の立場だからこそ、他の公的機関にも声をかけやすく、多機関・多職種の調整役を担いやすい面も見られる。

　第2に、周知・啓発、アウトリーチの重要性も確認できる。窓口を設置しただけでは、ヤングケアラーは潜在化しやすいこともあり、相談がなかなか来ない、という声を他の地域からもよく聞く。そこを徹底した周知・啓発、関係機関への訪問、さらに生活支援課との協働でクリアし

ている。

第 3 に、ヤングケアラーの発見・支援の仕組みの中に、各領域、現場での取組みを位置づけたことも意義がある。区のこども家庭支援室とは18歳という年齢で役割を分担し、障害者相談支援センター、地域包括支援センターを各領域においてヤングケアラー支援を担う主要な機関として位置づけている。専門の窓口だけで全てのケースをカバーすることは不可能である。また、ヤングケアラーを見守り、寄り添うのであれば、身近な学校、医療、福祉の現場で行うことが望ましい。そして、最後に対応が難しいケース、いずれの機関においても対象とならないようなケースを窓口が対応するという仕組みは合理的であり、効果的であろう。

また、ヤングケアラー支援はまずは家族の抱える問題にアプローチする必要があり、従来からある各種サービスがヤングケアラー支援の視点を取り入れて対応することが不可欠である。神戸市のヤングケアラーの発見・支援の仕組みは、関係する多様な機関、事業所にヤングケアラー支援という機能を追加することを促すものであるともいえる。

第 4 に、ヤングケアラーやその家庭用のサービスを始め、窓口との連携を行っている点である。ヤングケアラーのためのサービスとしては、ヤングケアラー同士の交流の場である「ふぅのひろば」を紹介した。このような場があることは、窓口はハードルが高く感じるこども・若者ケアラーにとって、別の選択肢が用意されることになる。またこども・若者ケアラー相談・支援窓口や他の機関、事業所にとっても、学校や年齢が変わり対象から外れた、制度利用をやめた等様々な事情から、こども・若者ケアラーにずっと寄り添い続けることは難しい。年齢や所属に関係なく関わり続ける「ふぅのひろば」というつなぎ先が用意されていることの意味は大きい。

　また、ヤングケアラーのいる家庭用のサービスとしては、神戸市、兵庫県では家事・育児または配食のサービスがあった。既存の公的な制度では対応できない、家庭の家事・育児ニーズを満たす目的もあるが、同時にそのサービスを利用することで窓口につながることを期待している。実際に、お弁当の宅配サービスは、週1回であってもありがたいという声も少なくなく、利用希望者も多く、そこから支援につながったケースが複数あった。

　これらを概観すると、こども・若者ケアラー相談・支援窓口を拠点としながら、従来からある学校、医療、福祉の機関、事業所、区のこども家庭支援室、新たなヤングケアラーやその家庭用のサービスが、ヤングケアラーの発見・支援に向けて有機的に結びつきつつある。神戸市の取組みは、ヤングケアラーの発見・支援の体制づくりにおいて、参考になる点が多い。しかしながら、道半ばでもあり、課題もある。介護、障がい関係を相談経路としてつながるケースが比較的少ないため、そのルートの強化、医療機関や既存のこどもの支援を行う民間団体との連携もさらに進めたいところであろう。また、ヤングケアラーであることを伝えにくいこども、若者、家族もおり、そのようなケースへのアプローチの難しさもある。そして、神戸市では若者世代のケアラーも支援対象としている点が特長の一つであるが、高校生以上のケース数は中学生以下のケース数よりも現段階では少なく、恐らくもっと多くの若者ケアラーがいると考えられる。これらの点は、今後、神戸市こども・若者ケアラー相談窓口がさらなる取組みを進めるであろう。今後の挑戦に期待したい。

（大阪公立大学大学院現代システム科学研究科准教授　濱島淑恵）

2 大阪市における ヤングケアラー支援の実践例

　児童福祉の部署にヤングケアラーの相談・支援機能を持たせる自治体も複数見られる。ここでは早くからヤングケアラー支援に積極的に取り組んできた大阪市の取組みを例として挙げたい。

case 2 プロジェクトチームが既存の仕組みを活用し、 総合的な支援体制を組み支援につなげている大阪市

①ヤングケアラー支援に向けたプロジェクトチーム会議

　大阪市の特徴として、ヤングケアラー支援体制の構築に向けて、関連する部局が集まり議論する「ヤングケアラー支援に向けたプロジェクトチーム会議」（以下、「PT 会議」という）の存在が、まず挙げられる。PT 会議は、2021年 5 月に立ち上げられ、副市長をリーダー、こども青少年局長、教育次長をサブリーダーとし、区長（地域の代表）、福祉局長、健康局長で構成されており、こども青少年局と教育委員会事務局が事務局を務め、2022年度までに計 6 回開催されてきた。

　ヤングケアラーの発見・支援は、これまでも述べてきたように、児童福祉、教育、障害者福祉、介護、高齢者福祉、生活保護など、様々な領域の啓発、発見・支援における協力体制の構築が不可欠である。さらに政令指定都市にあっては、より市民に身近な各区での取組みが要となる。これらの代表が一堂に会し、ヤングケアラー支援に関する課題について共通認識を持ち、今後の方向性を協議し、ともに取り組む体制が組まれている点は、注目すべきであろう。

②実態調査の実施

　大阪市の最初の取組みとして、PT 会議の設置とともに、2021年11月〜2022年 1 月に実施された大阪市の全市立中学校の生徒を対象としたヤングケアラーの実態調査がある。筆者らの研究チームが依頼を受けて実施したため、少し結果を紹介したい。まず、大阪市立中学校の生徒のうち9.1％がケアを担っていると回答していた。ケアを要する家族は弟・妹が最も多く、次いで祖母、祖父、母と続いた。ケアの内容は、話し相手が最も多く、次いで見守り、年下のきょうだいの世話、遊び相手、家事等となっている。

　ケアの頻度は「毎日」と回答した者が最も多く約 4 割を占めたが、時間については、短時間の者が多く、学校のある日で、 2 時間未満が約 7 割を占めた。しかし、長時間のケアを担う者も見られ、 4 時間以上が約 9 ％おり、特に学校がない日において長時間化する傾向が見られた。

図表19　ケアの内容

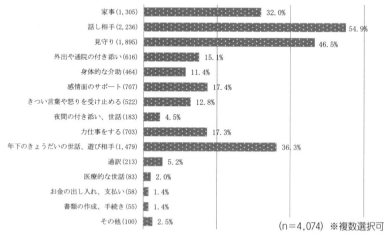

(n＝4,074)　※複数選択可

（出典）大阪市、大阪市教育委員会、研究チーム：濱島淑恵、宮川雅充、南多惠子（2022）『大阪市立中学校生徒を対象としたヤングケアラー実態調査（家庭生活と学校生活に関する調査）報告書』p18

　大阪市に中学生が約50,000人いることを踏まえると4,500人が何らかのケアをしており、そのうち400人程度がかなりのケアを担っているという計算になる。9.1％という数字には、それほど負荷が大きくなっていない、お手伝い程度の者も多く含まれると考えられるが、そのような

図表20　今、ほしいと思うサポートや支援

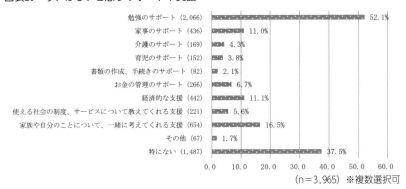

(n=3,965)　※複数選択可

図表21　学校、社会、周囲に対して思うこと

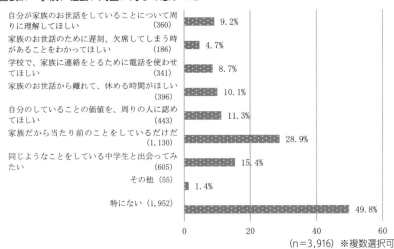

(n=3,916)　※複数選択可

（出典）大阪市、大阪市教育委員会、研究チーム：濱島淑恵、宮川雅充、南多恵子（2022）『大阪市立中学校生徒を対象としたヤングケアラー実態調査（家庭生活と学校生活に関する調査）報告書』p27

場合も見守り等が必要なことは先述した通りである。かなりの人数のヤングケアラーが大阪市にいることが示された。

　大阪市の調査では、ほしいサポートについても尋ねており、「特にない」と回答した者が約 4 割いたが、約半数が勉強のサポートをあげていた。また、家族や自分のことについて一緒に考えてくれる支援、家事のサポート、経済的な支援も挙げられていた。さらに、学校、社会、周囲に対して思うことについては、「特にない」が約半数を、次いで「家族だから当たり前のことをしているだけだ」と回答した者が約 3 割を占めた。その他、「同じようなことをしている中学生と出会ってみたい」、「自分のしていることの価値を、周りの人に認めてほしい」等が見られた。

③ヤングケアラー支援施策の 5 つの柱

　大阪市では実態調査の結果を踏まえ、研究チームからの意見として、以下の 5 つのヤングケアラー支援の柱が PT 会議で示された。

❶　周知・啓発を進め、安心して話せる環境を整備する。

❷　ケア負担を軽減するケアサービスの整備、支援計画の見直し

❸　ヤングケアラー自身への支援、サービスの整備

❹　コーディネーターを配置したヤングケアラー相談窓口の設置

❺　多職種連携を進める仕組みづくり

　第 1 に周知・啓発を通した安心して話せる環境整備があげられ、2021 年 3 月以降、教員、こどもサポートネット推進員、福祉業務従事職員、行政職員、民生委員・児童委員等を対象とした動画配信型研修を一斉に行っている。また、多職種連携の研修会、教育委員会による教職員対象の研修と、何度も重ねて様々な研修会を実施している。その他、大阪市

内の高校との共同企画でヤングケアラーに関するポスターを募集し、市役所内での展示、駅構内でのヤングケアラー支援に関する広告等、一般市民への周知・啓発も広く行ってきた。

　第 2 に、ケアサービスの整備、支援計画の見直しが挙げられている。これについては、主にスクールカウンセラー、スクールソーシャルワーカーの増員及び活用により、ヤングケアラーを早期に発見し、適切なサービス利用を進めるとしている。スクールカウンセラーは、ヤングケアラー支援を目的として48名を増員する（2021年度から2022年度に24人増、さらに2022年度から2023年度には24人増）。これによってスクールカウンセラーによる丁寧な関わりを進め、ヤングケアラーが気軽に相談できる環境づくり、家庭の状況やケアの状況の把握、心理面の支援を行うことを目指している。スクールカウンセラーの気づきは、後述するチーム学校で共有され、教育、保健福祉、地域でのヤングケアラー支援へとつながるとしている。また、スクールソーシャルワーカーは、ヤングケアラーの早期発見と支援の充実のため、2023年度に32名増員し、教員への助言、スクールカウンセラーとの連携強化、スクリーニング会議におけるヤングケアラーに関するアセスメント、支援方針、支援計画の検討、支援機関への適切なつなぎを進めるとしている。スクリーニング会議では、不登校の傾向がある、虐待の疑いがある、経済的に困窮している、複雑な家庭環境にある等、様々な理由で課題を抱えている生徒、気になる生徒があげられ、対応方法について協議される。

　そして、2023年10月からは家事・育児訪問支援事業を実施予定である。これは、家事、育児等に対して不安や負担を抱えている子育て家庭、ヤングケアラーがいる家庭を対象に、訪問支援員が訪問し、家事、育児などの支援を行う事業である。これにより家庭環境、養育環境を整えるとしている。厳密には、18歳までの児童（18歳の者も含む）がいる

家庭のうち、家事や育児等に対して、不安、負担を抱えた要保護、要支援の家庭及びヤングケアラー等が過度な家事や育児等のケアを担っている家庭（100世帯対象）を対象とし、要保護児童対策地域協議会（以下、「要対協」という）にあがっているケース以外も想定している。支援内容は家事支援（食事の準備、洗濯、掃除、買い物の代行支援等）、育児支援（授乳、おむつ交換、沐浴介助、保育所等の送迎支援等）である。支援頻度は1週間に2時間程度（1回30分以上）とされている。利用のし易さを考え、利用料は「無料」としている。

　当該事業のゴールとしては、家事・育児訪問支援事業の利用から、他の障がい、介護関係の福祉サービスにつないでいくこととし、その入り口として位置づけている。

　先に紹介した神戸市においても、家事、育児を支援する事業が行われているが、家事やきょうだいの世話はこどもが担うケアとしては代表的なケアであること、経済的な困難を抱える家庭にヤングケアラーが多いという指摘があることを踏まえると（濱島ら2023）、このような事業を「無料」で行うことはヤングケアラー支援として意義があるといえよう。

　第3に、ヤングケアラー自身への支援、サービスの整備があげられている。これについては、学習支援、居場所づくり等既存の活動において、ヤングケアラー支援という視点を取り入れることがあげられている。さらに、すでに実施している①（学校に配置された）サポーター職員による放課後の学習支援、②デジタルドリルを活用した学習支援をヤングケアラー支援という視点も持ちながら、2023年度より進めるとされている。学習面の遅れはヤングケアラーが抱えやすい問題としてよくあげられるものであり、大阪市の中学生調査でもほしい支援として勉強のサポートが多く挙げられていた。前者の学習支援はケアから切り離された空間で勉強することを可能とし、後者は、家族の見守りをしながらで

も学習支援を受けられるようにすることを目指している。

　ヤングケアラーのみを対象とした取組ではないが、ヤングケアラーも対象とされることに意義があり、また様々なこどもたちが対象となっているからこそ利用しやすいという面もあると考えられる。活用が進むことを期待したい。

　第 4 に、コーディネーターを配置したヤングケアラーの相談窓口の設置があげられている。これにより、ヤングケアラーに関する相談先を明確化することを図っている。具体的には、各区子育て支援担当を相談窓口として位置づけ、その他、寄り添い型相談支援事業もある。

　区の子育て支援担当は、これまでも課題を抱えるこどもの支援を担ってきており、そこにヤングケアラー相談の機能も加わることになり、福祉サービスの検討や地域資源の紹介を行う。また PT 会議において状況報告を行うほか、児童相談所（こども相談センター）との連携も業務内容に位置づけられている。ヤングケアラーのケースの中には、児童虐待と重複するケースもあり、その場合、児童相談所との円滑な連携が求められる。こども相談センターには、24時間子ども SOS ダイヤルなどが設けられている。なお、2022年度に、区の子育て支援担当が受け付けたヤングケアラーの相談件数は計82件となっている。

　一方、寄り添い型相談支援事業は、ヤングケアラー支援のために新たにスタートした事業である。特に、専門職だけでなく、（元）ヤングケアラー、若者ケアラーによる相談、交流といったピアサポートを行っている。具体的には LINE 等での相談、中高生ヤングケアラーのためのオンラインサロンを実施している。2023年度からはレスパイト事業もスタートした。詳細は121頁の事例を参照されたい。

　第 5 に、多職種連携を進める仕組みづくりが挙げられており、これは大阪市が進める総合的な相談支援体制の充実事業（複合的な課題を抱え

た人・世帯に関する総合的な支援調整の場の開催など、各区福祉業務担当課等が調整役を担う）や、要対協などで実施することとされている。

　上記に加え、こども食堂等、地域のこども支援、福祉サービスの相談支援機関、サービス提供事業所、医療機関と連携しながら取組むこととされている。多種多様なヤングケアラーに関する取組みが、複数の部署、機関等において、同時並行で進められているが、これらを集約し、進捗状況を確認し、協議する場としてPT会議がある。

④大阪市こどもサポートネットを用いたヤングケアラーの把握と支援

　大阪市では、ヤングケアラー支援を始める前からこどもの支援体制を整備しており、そのひとつに「大阪市こどもサポートネット」（以下、

図表22　全体のイメージ

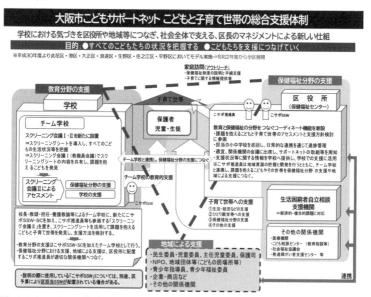

（出典）大阪市こどもサポートネット「大阪市こどもサポートネット概念図」
https://www.city.osaka.lg.jp/kodomo/page/0000436277.html （最終閲覧日2023年6月30日）

「こサポ」という）がある。このシステムが今回のヤングケアラー支援
体制にも活かされている。

　こサポの目的は、すべてのこどもたちの状況を把握し、こどもたちの
支援につなげていくこととされている。区長のマネジメントによる仕組
みであり、学校内の「チーム学校」での気づきを区役所、地域の支援に
つなぐことになっており、令和 2 年（2020年）から大阪市の全ての区で
行われている。支援の柱には「教育分野の支援」、「保健福祉分野の支
援」、「地域による支援」を位置づけている。

　学校において、職員会議等を活用して、スクリーニング会議 I が行わ
れ、何らかの課題を抱えている、気になる児童生徒について、担任等が
作成したスクリーニングシートに基づき、情報を共有する。

　なお、スクリーニングとは、直訳すると「ふるい分け」、「選別」等の
意味になるが、ここでは「課題を抱えている子ども、気になるこども」
を抽出することを意味しており、そのためのチェック項目が示されてい
るシートがスクリーニングシートになる。

　さらにスクリーニング会議 II では、チーム学校として、校長、教頭、
担任、養護教諭等に加え、区役所に配置されているこサポスクールソー
シャルワーカー（以下、「SSW」という）、こサポ推進員、スクールカ
ウンセラー（以下、「SC」という）、等も参加し、スクリーニング会議
I であがってきた児童生徒について、スクーリングシートのチェック項
目やジェノグラム等を記載した連絡票を用いながら、課題を抱えている
こどもと家庭を把握し、支援方法を検討する。

　その後、教育分野の支援をチーム学校と SSW、SC で行い、さらに区
役所のこサポ推進員を介して、保健福祉分野の支援（児童、障害、高
齢、生活保護等の制度、サービス、機関）、地域の支援（民生委員・児
童委員、NPO、地域団体等）につなげ、こどもとその家庭を支援する。

　ヤングケアラー支援もこサポの仕組みのなかで取り組まれており、使用されているスクリーニングシートにヤングケアラーに関する項目が追加され、学校でヤングケアラーに気づいた場合、スクリーニング会議にあげられるようにしている。寄り添い型相談支援事業の事業者（NPO法人ふうせんの会）がスクリーニング会議Ⅱに加わることもある。また、各区保健福祉センター内のヤングケアラー相談窓口である子育て支援室に、直接アクセスがあったケースは、必要に応じて学校との連携を行う、また他のフォーマル、インフォーマルな福祉サービス、寄り添い型相談支援事業につなげることになっている。

⑤大阪市の取組みの意義と課題

　大阪市は既存のこどもと家庭を支援する仕組みにヤングケアラーの発見・支援の視点を導入し、機能を追加している。ヤングケアラーのための仕組みを独立して構築するためには、時間、財源、労力等様々なコストがかかる。各地域が有する既存の仕組み、資源を有効に用いることは、効率的かつ迅速にヤングケアラー支援を開始するのに適している。

　また、大阪市ではそれを促進するために、関連する機関、職員を対象とした研修会を一斉に実施し、また教育委員会としても教職員への研修を実施している。さらに既存のスクリーニングシートにヤングケアラーに関する項目を加えたものを活用し、ヤングケアラーの事例が確実にスクリーニング会議にあがるような仕掛けを作っている。既存の仕組みの活用とヤングケアラーの発見・支援を進めるための仕掛けづくりの両方を行っている点は注目すべきであろう。

　既存の仕組みに加え、ヤングケアラーのための新たな取組も進めている。ひとつには寄り添い型相談支援事業であり、ピアサポートを中心としたサービスを開始した。同じ立場のピアだからこそわかること、できる支援がある。大阪市で実施された中学生を対象とする実態調査では、

同じような立場の中学生に会うこと、自分や家族のことについて一緒に考えてくれること、が中学生ヤングケアラーの望むこととして示されていた。もうひとつには、こどもが担うケアとして上位にあがっている家事、育児をサポートするサービスがある。これらは単体としても意義があるが、上記の既存の仕組みと協働することで相乗効果が期待できよう。

　ヤングケアラー相談窓口が行政と民間に用意されている点も注目したい。ヤングケアラーの相談窓口を行政の機関に設けることの意義はもちろんあるが、民間団体にも設置されることは、ヤングケアラーにとっては選択肢が広がることになる。行政の窓口は、心理的ハードルが高いこどもであっても、まずは同じような経験を有する元ヤングケアラーが行うピアサポートであれば、訪ねやすく感じるこどもは少なくない。そこから他のサービス、制度につなぐことができる可能性がある。また、民間団体だからこその雰囲気づくり、サポートも可能となる。この点については121頁以下をご覧いただきたい。

　このような多様な取組み、事業を取りまとめる場として、PT会議があることも、重要な点である。多領域の部署が集まり、ヤングケアラー支援という同じベクトルで情報共有し、協議することで、整合性を保ち、連携を意識しながらヤングケアラー支援の仕組みづくりを進めることが可能となる。

　上記のように興味深い取組みを進める大阪市であるが、今後、クリアすべき課題もある。まずは、既存の仕組みにヤングケアラーという視点を導入し、ヤングケアラーの発見・支援に向けた諸機能を追加しているが、これにより、これまでは把握する、支援することができなかった、換言すれば、虐待、不登校等、既存の枠組みではあがってこなかったこどもや家庭をどの程度キャッチし、支援できるかが重要なポイントとな

ろう。一般的には、要保護対策地域協議会における従来の枠組みで把握したケースにヤングケアラーが含まれており、その範囲で支援をしている自治体も、現段階では少なくない。それはそれで重要であるが、いかなる支援ネットワークからも見落とされていたヤングケアラーのケースにアプローチできてこそ、ヤングケアラー支援の仕組みを構築する意義がある。大阪市では、スクリーニングシートにヤングケアラーの項目を追加しており、それが今後どの程度の効果をあげるか、注視したい。

　また、一般的に、こどもの支援を行う機関、仕組みでは、児童福祉、学校、生活保護等との連携は行われてきたものの、障害福祉、介護・高齢者福祉、医療等との連携は乏しい傾向が見受けられる。さらに新規のヤングケアラー支援を行う団体、事業者との連携も必要となる。大阪市では、多領域、多機関との連携が期待される「総合的な相談支援体制の充実事業」の調整役を担う福祉業務担当課等と、ヤングケアラー支援を担う団体、事業者との連携に強みを発揮できる子育て支援室が同じ保健福祉センター内の部署として位置づけられており、今後の動向にも注目したい。

　上記のような、児童福祉、学校等を中心としたアプローチに加え、障害福祉、介護・高齢者福祉側の積極的な動きも期待したい。障害福祉、介護・高齢者福祉だからこそ、気づけるケース、できる支援がある。現在、大阪市では、福祉局の取組みとして、障がい福祉サービス事業者、介護サービス事業者、ケアマネジャー等を対象にチラシの配布、相談窓口の案内が実施されており、こちらの領域からの積極的なヤングケアラー支援への動きが始まることが期待される。それが進めば、現在の区の相談窓口にはつながっていないようなケースの支援も進むであろう。

　PT会議を設置し、区の保健福祉センターをヤングケアラー支援の相談窓口、多職種連携の調整役に据えながら、既存の仕組みを活用し、そ

こに新規のヤングケアラーのための事業を加え、ヤングケアラーの発見・支援体制を構築している。大阪市におけるヤングケアラー支援の本格実施は2023年度となっている。今後の展開に期待したい。

（大阪公立大学大学院現代システム科学研究科准教授　濱島淑恵）

3 ヤングケアラーを支え続けるスクールソーシャルワーク

　現在、兵庫県内でスクールソーシャルワーカー（以下、「SSW」という）として働いており、支援が必要な児童・生徒約150人を担当している。その中の5分の1以上が、ヤングケアラーである。これまでの活動から、多職種連携で進めた事例を2つ紹介する。なお個人情報保護の観点から、本書における事例はいずれも個人が特定されることがないよう趣旨に影響のない範囲で加工した。

case 3 精神疾患の父をサポートしている中学生

①支援活動の概要

　中学生Aさんは、もともと不登校であったが、父の入院に伴い一時保護されていた。父子家庭で他に身を寄せる親類もいなかったからである。学校からSSWへ依頼があり、父の退院とAさんの家庭復帰に向けてのケース会議から、この世帯に介入することとなった。

　父の精神疾患はこれまで長期間にわたり安定することがなく、Aさんは父の病状が悪化すると、不衛生になり、食事もとれないことが多かった。父の薬はAさんが管理し、父の不安が強い時は、病院や買い物についていった。休日は、父が家で落ち着かなくなると、父の行きたい場所についていき、一日中一緒に歩き回り、途中で父がしんどくなると介助をしていた。

　学校から、父にAさんについて話をすると、怒り出したり、後で話が変わったり、間違って記憶していたため、対応に苦慮していた。Aさんは、一時保護中にこども家庭センターで発達検査を受けた結果、軽度知的障害であることが判明した。中学校卒業後は、サポートを受けられ

るような進路を選ぶ必要がある。しかし、A さんと父は、A さんが卒業したら、プロ野球選手としてプレーできると信じている。学校は、精神的に不安定で知的能力に課題のある父との生活で、A さんに大きな負担がかかることを深く懸念するとともに、A さんの進路について、父と話し合いながら、A さんにとって安心して勉強し就業できるかどうか心配していた。

　A さんの課題は、不登校というより、父への保健・福祉・医療領域の支援不足のため、SSW はそこを担うことになった。支援は父に対するものと、A さんに対するものに分けられる。父への支援が A さんにとって最も有効と見立て、支援プランを立てた。

　まず、父への支援について、要保護児童対策地域協議会の枠組みで会議を行った。メンバーは、市の児童ケースワーカー（要保護児童対策地域協議会事務局）、父の主治医、医療ソーシャルワーカー、父の障害福祉サービスの計画相談支援事業者、生活保護ケースワーカー、学校とSSW である。児童ケースワーカーからは世帯概要、病院からは父の病状の見立てと治療方針、計画相談支援事業者からは父とのこれまでの関わりと今後の支援計画、生活保護ケースワーカーからは父とのこれまでの関わりについて、共有があった。その後、今後父や A さんに起き得るリスク、A さんへかかる負担の見込みをメンバー間で共有した。そして、リスクや負担を避けるためにできることを話し合った。

　病院は父を週 1 回の診察と毎日のデイケアでしっかり見守ること、計画相談支援事業者は父に訪問看護と移動支援を行い、家庭内の様子を確認し A さんの負担の軽減を図ること、SSW は A さんの進路に関する手続きや見学をサポートすること、児童ケースワーカーは各機関の調整や連絡・家庭訪問による状況の把握を行うことになった。

　父には、各関係機関から、「父自身の生活や病状のことは、病院と計

画相談支援事業者に相談する。A さんの学校や進路については、SSW や児童ケースワーカーに相談する」ということをわかるまで何度も伝えた。

　父の病状は悪くなることもあったが、早期に気づく仕組みと共有できる体制により、すぐに対応できたことから、小康を保っている。

　A さんに対しての支援は、学校が週 1 回の個別支援で A さんの気持ちや困り感を確認すること、児童ケースワーカーが療育手帳について説明し手続きを手伝うこと、SSW が放課後等デイサービスの説明をして A さんの居場所をつくることから動き始めた。

　SSW から父への説明には、イラストや図によって A さんにどのようなメリットがあるのかをわかりやすく工夫した。説明したことは簡単にまとめて、必ず父に渡すことで、話が逆行しないよう努めた。A さんは週 2 回放課後等デイサービスに行けるようになり、サポートする人が増え、家族以外の人や同年代の友達と関わることが増えた。

　学校では、週 1 回の面談で、A さんの家庭での困り感にすぐに気づいて、各関係機関と共有し、悪化しないように対応した。進路については、SSW から進路の選択肢を A さん親子にわかりやすいよう図示して、それぞれの進路のメリットとデメリットについて説明した。そして、選択肢となる学校を、A さん親子と SSW で一緒に見学した。親子は、長期的なメリットを理解することができたことで、仕事をして自立できる力をつけるために、特別支援学校高等部を選んだ。

　中学校を卒業しても、父の病状に応じて A さんのサポートは必要となる。SSW は、A さん本人への障害児福祉サービスの計画相談支援事業者をつけることを、A さん親子と相談しながら進めた。受験についての手続きのサポートを、少しずつ SSW から、計画相談支援員に移行していった。

②活動のポイントと工夫

　本事例においては、A さんの安心安全な生活のために、優先事項とな
る父の支援体制をつくることに重点をおき、医療・福祉のチーム支援を
行った。A さん本人には、父の病状悪化時にも周りの大人が A さんを
サポートできる体制をつくった。

　何度も強調するが、ヤングケアラー支援には、こども本人への支援
と、家族への支援の 2 つを進めていくことが大切である。家族に対して
は、保健・福祉・医療など介入できる支援者や使える制度と結び付けた
家族支援チームを作ること。こどもには、学校を中心に、スクールカウ
ンセラー（以下、「SC」という）や SSW、児童福祉関係の専門職、でこど
も支援チームを作ることを、同時並行でプランニングすると良いだろう。

　こどもへの支援チームは、そのこどもに関わる関係機関や、今後つな
ぎたい関係機関で構成される。学校（配置があれば SC や SSW）を中
心に、行政の児童福祉機関、ケースによっては障害児福祉サービスの相
談支援員、放課後等デイサービスやフリースクール、こども食堂などの
支援者がチームになることで、広くこどもの味方を増やす。そして、現
在だけでなく、進学や卒業後の見守り体制や地域につながっていく人を
チームに加えていく必要がある。ヤングケアラーは、20代になっても、
家庭の影響を受け続けることが多いからである。

　家族支援チームは、主にケアが必要な家族と、その介護に携わる家族
に関わっている人、今後つなぐべき関係機関で構成される。高齢者の場
合はケアマネージャー、障がい者であれば相談支援員、その他病院や保
健師、生活保護ケースワーカーなど、世帯の状況によって、メンバーを
決める。家族がしっかり専門家にサポートされるだけで、こどもにとっ
ても大きな支援になる。それに加えて、こども支援チームと連携するこ
とで、こどもの思いや希望に配慮しながら、家族の支援計画を立てるこ

とができる。こどもの思いを反映しつつも、ケアされる家族が責められることなく、前向きに支援を選択できるようなサポートをしていただきたい。

その他にも、Aさんの支援で3つ大切にしていたことがある。

1つは、地域でのポジティブな体験の保障である。SSW有志で行っているヤングケアラー当事者会で、みんなで餃子作りイベントをした。私が行っている事業の中で、Aさんを含む孤立したこどもたちが地域の方にご飯を作っておもてなしをした。

Aさんはコミュニケーションが苦手なので、最初はほとんど言葉が出ず、すぐに帰っていたが、徐々に笑顔が増え、長時間過ごせるようになっていった。地域の方の温かさに触れること、自分が活動して感謝されることは、Aさんを大きく変えていった。Aさんが元気で明るくなると、家族も前向きになった。それは奇跡のような変化であった。

市内で行っている当事者会やイベントは、他の地域にはまだあまりないかもしれない。しかし、どこの地域にも、こども食堂や、地域の会館などで行うパン作りなどの会、高齢者向けのカフェはあることが多い。元々ある集まりを、長期休みの時などに、こどもも参加できるようにすること、こどもが活躍できるようなアレンジをすることで、大きな負担がなく、こどもと地域がつながり、こどもが元気になる。ポジティブな小児期体験の保障は、つなぎと定期的な調整があれば、専門職以外の人でも、地元で実施できる有効な支援であり、長期的な効果が期待できる。

2つ目は、Aさんへ、父の病状が悪化するなど困る事態になる前から、相談先を整理して渡しておくことである。父のどんな様子が危険信号なのか、どのような対応をすると良いのか、安心できるように説明をする。そして、平日・夜間・休日など時間帯によってどこに相談できる

のかを知っていることは、こどもの傷つきや不安を軽減する大きな支援
となる。

　相談先の関係機関とは、伝えている内容を共有して、A さんがうまく
伝えられなくてもしっかり大人が対応できる道筋を整えることが大切で
ある。

　このような役割は見落とされがちである。家族の精神疾患による病状
悪化を、単なる風邪だと思っていた中学生や、認知症の祖母の言動に振
り回されて傷ついていた高校生など、こどもが知るにはまだ早いと思わ
れて、説明を受けずにきたこどもたちはとても多い。しかし現実には、
こどもが夜間や休日などに対応することは避けられない。養護教諭や保
健関係の職員、家族担当の福祉職員などの中から役割分担をして、必要
な知識や対応をこどもに知らせておくことは、こどもの安心安全を守る
ため、大変重要である。

　3 つ目は、中学校卒業後、もしくは18歳以降など、支援が減るタイミ
ングを見越して、次の支援者を準備し、バトンを渡すことである。年齢
が上がるごとに、使える社会資源（図表23）が少なくなることが多い。
療育手帳の取得など、できることをもれなく進めて使える制度を増や
し、継続して関われる支援者、見守り体制を作る視点が大切である。

　ヤングケアラーは、ケアの継続の有無に関わらず、成人になっても心
身への影響が続き、生きづらさを抱えやすい。孤立させないような配慮
が必要である。このケースは障害児福祉サービスの計画相談支援員で
あったが、他には、精神科など医療機関のソーシャルワーカー、ひきこ
もり支援の窓口、就労移行支援事業所、若者サポートステーションや
ユースワーカー、地域の居場所などがある。

【介入前】各々対象とつながっているが、横のつながりがない状態

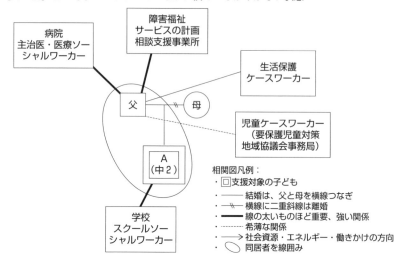

相関図凡例：
・ □支援対象の子ども
・ ―― 結婚は、父と母を横線つなぎ
・ ―#― 横線に二重斜線は離婚
・ ―― 線の太いものほど重要、強い関係
・ ······· 希薄な関係
・ ――→ 社会資源・エネルギー・働きかけの方向
・ ◯ 同居者を線囲み

【介入後】横のつながりができ、チーム支援ができている状態

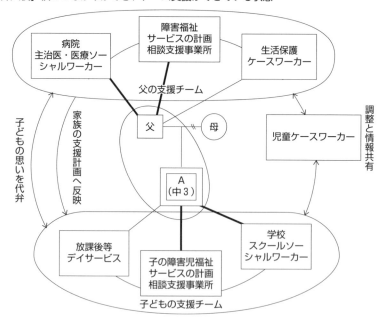

③成果と今後の課題

　当初予想されていたリスクが回避でき、Ａさん親子の安定した生活に大きく舵をきることができた。関わった関係機関は、最終的に、行政の児童福祉機関、父の病院、父子の障害者・児福祉サービスの計画相談支援員、訪問看護、生活保護、学校、放課後等デイサービス、地域と非常に多くなった。それは、この親子の味方が増えたことであり、大きな成果である。

　しかし、関わる機関や人が増えることは、一方で、当事者の混乱や不安定を巻き起こすリスクも抱えている。精神疾患や知的な課題、不安の強さなどの傾向をもつ当事者は、依存的になることや、都合の良いことを言う支援者に偏ること、各機関の言うことがズレることでパニックになることがある。また一つの機関で気づいた小さな変化がうまく共有されないことで、どこかが対応しているだろうと見過ごし、知らないうちに悪化して、こどもや家族へ大きな負担や傷つきを与えることがある。

　本事例で大きな成果が見られたのは、多くの機関が関わったためではない。その多くの機関が「チーム」として同じ目標と計画で動き、小さな変化を共有できる体制と、定期的な調整を行う人の存在から生まれたものであった。

　今回はSSWと児童ケースワーカーが調整の役割を担った。最初は関係機関同士の距離感があったが、調整を行ううちに、スムーズでお互い信頼関係のある連携ができた。

　SSWの仕事をする中で、医療・福祉・教育の間では、そのまま伝えても本来の意図が伝わりにくくズレを感じてしまうことが少なからずある。例えば、福祉領域では「親が元気になる」という表現で価値が共有できるが、教育領域では「親が元気になることで、こどもにがんばる力がでます」と伝えた方が、価値が高く受け止められる。教育領域では

「全く落ち着けず教室に入れない」という表現で大変さを共有できるが、福祉領域では「落ち着けず、衝動的に 2 階から飛び降りようとして命の危険を感じます」という表現の方が、大変さが伝わる。

　ソーシャルワーカーやケースワーカーのような、各領域を行き来する専門職が、領域間で双方が好ましく理解ができるように、通訳的な調整をすることが、良い連携を早くつくる。ヤングケアラーとその家族を支えるためには多職種連携が欠かせないが、同時に多職種間の連携を調整しスムーズにする潤滑油のような役割を果たす調整役となる人が必要である。スクールソーシャルワーカーがいない場合でも、他職種が連携する場合には、児童ケースワーカーや関係機関の相談員などに調整役をお願いすることをお勧めしたい。

　本事例では、介入当初の会議でのアセスメントから、ヤングケアラーという言葉が出ていた。その視点が、本生徒の精神的な負担の軽減を図る支援計画に結び付いた。

　家庭復帰会議では、親の養育が可能であるかどうかという議論にとどまることが多い。本生徒が SOS を出せなくても、周囲の支援者がしっかり見守り、小さな変化に早期に対応する体制を整えることができたことは、ヤングケアラーの視点の成果だと言えよう。

　行政においては、各所属機関の役割や慣習に囚われず、関わる家庭にこどもがいるときには、学校や児童福祉関係機関にまず連絡をしていただきたい。学校では、障害や病気の家族がいることは、家族から言われない限り、把握できない。ヤングケアラーかもしれないという視点を、長時間過ごす学校が知っていることは、早期の対応に結び付く。

　気になる児童生徒については、本事例のように、行政で要保護児童対策地域協議会の管理ケースにしていただくと、情報共有や連携が行いやすい。

　また、行政がケース会議の主導と調整を行っていただくと、医療機関、障害や高齢関係機関や、ヘルパー事務所など、民間の秘匿性の高い関係機関と安心してしっかり連携できる。

図表23　社会資源・制度（地域のつながり・見守り・地域活動の例）

～15歳		～18歳	18歳以降
・こども家庭センター（一時保護所）・こども家庭相談事業・子育て相談 ・児童養護施設・里親・ショートステイ・児童自立支援施設・母子生活支援施設・中高生の居場所・子ども SNS 相談・こども LINE 相談・障害児入所施設・障害児通所施設（放課後等デイサービス）・障害児相談支援・警察の少年サポートセンター・少年院（～20歳前後）			・若者サポートステーション・ひきこもり支援・生活保護制度・シェアハウス ・障害者福祉サービス（相談支援事業・就労移行支援、就労継続支援事業所など） ・その他条件に応じて医療・福祉サービス・ハローワーク・法律相談・当事者会・家族会など
・義務教育の制度・SC や SSW ・保育所・児童館・トワイライトステイ・子育て支援ヘルパー ・学習支援・こども館・こどもの居場所・放課後児童クラブ		高校進学の場合は学校によりカウンセラーなど	

※その地域によって、その社会資源や制度運用の有無、名称、利用条件は異なります。

(筆者作成)

case 4　幼い兄弟の世話をする中学生 B さん

①支援活動の概要

　B さんは、母と小学生の妹 2 人、そして園児の 5 人世帯である。B さんが中学校に入学する前の 3 月、要保護児童対策地域協議会の枠組みで、小中学校連携ケース会議が行われ、中学校の依頼でスクールソーシャルワーカー（以下、「SSW」という）が介入することとなった。

　B さん世帯の生活が崩れてきたのは、離婚がきっかけである。母は昼も夜も生活のために働くようになり、家事ができなくなった。いつの間にかこどもたちは、着替えや入浴もできなくなり、室内は散らかって何がどこにあるかわからない。

　B さんは、小学校で、入浴できていないことから「くさい」といじめられ、不登校になっている。妹たちもにおいがあり持ち物が揃わないことから登校できなくなった。食事は B さんが買いに行き、家でも B さんが兄弟の世話をしている。時々、妹たちを小学校に連れて来ることもある。B さんは、教員や児童ケースワーカーが訪問しても、ほとんどドアを開けなかった。母や妹たちも、支援者との関わりを拒否していた。

　最初の会議では、児童ケースワーカー、小学校の関係教員と中学校の学年関係教員が参加し、現在の状況を共有した。訪問しても出てこないことから、B さんの生活状況や困り感もわからず、支援プランは立てられなかった。

　SSW は、B さんが妹を学校に連れて来ることがあるという点から、B さんが妹を大切に思っているという見立てをした。小学校に、妹が登校したとき、SSW に登校したことを教えて欲しいとお願いした。

　連絡が入ったのは、4 月の始業式だった。小学校に駆け付け、妹と一緒に下校した。居住しているマンションの共有エリアで、妹と、持って

いったすごろくをして楽しんだ。楽しい経験が不足している妹はたいそう喜んだ。妹に、SSW が用意していた B さんへの手紙をことづけた。「翌日の入学式にいっしょに行こう」という内容である。翌日、出てこないだろうと期待もせず、訪問した。しかし、B さんは中学校の制服を着て、ドアを開けた。B さんは、飛び上がって喜ぶ私の様子にクスクス笑いながら、一緒に登校した。

中学校では、会議により、教員たちが B さんの家庭状況をよく理解できていた。指定の靴下をそっと用意してくれ、髪を結ぶものも貸してくれた。担任は非常に温かい先生で、B さんはすぐに仲良くなった。

こうして登校が始まった。お弁当が準備できないので、担任が買ってきたものや、SSW が用意した弁当を食べた。土日には SSW が B さんと妹たちをこども食堂に連れて行った。こどもたちと SSW が直接会えるようになったことで、これまでわからなかった生活状況がわかってきた。

こども食堂をきっかけに、地域の社会福祉協議会（以下、「社協」という）や行政の職員と B さんがつながるようになった。妹たちも、小学校でシャワーを浴びて着替えさせてもらい、少しずつ登校できるようになってきた。

そこで再度、ケース会議を開くことになった。前回のメンバーに加えて、社協や地域課、こども食堂の運営者、そして B さん本人も加わった。B さんから支援者に対して、「お母さんを助けてほしい」という願いを手紙に書いて読んだ。支援者からは、それぞれの役割を B さんに説明し、B さん家族への思いを語った。

話し合いの結果、「食料を持っていくことについて母に許可を得るために児童ケースワーカーが訪問すること」、「そのことを B さんから母に話しておき、玄関は B さんが開ける」という計画を立てた。

【介入前】家族が孤立している状態

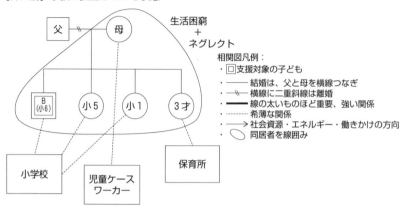

【介入後】子どもの支援チームが強くなり、母への支援も促進されてきた状態

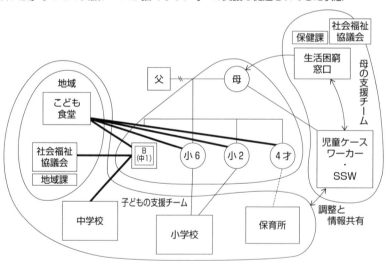

　残念ながら、計画は失敗した。支援者を入れようとしたBさんに母が怒りをぶつけ、ドアを開けることはできなかった。Bさんは暗い表情になり、新たな計画の立て直しはできなかった。

　その後、Bさんは、学校での対人トラブルをきっかけに、学校と距離をとり、地域の居場所で過ごして家に帰ろうとしなくなった。学校と地域活動をサポートする行政職員やボランティアの考え方にズレが生じていた。支援者のズレは子どもの利益につながらないため、3回目のケース会議を開催した。

　会議の前半は、支援者だけで行った。Bさんを巻き込んでのプランは、Bさんと家族の関係に悪影響があり負担をかけてしまうことを確認し、Bさんにわからないようそっと支援を進めていくことを話し合った。学校と地域活動をサポートする行政職員やボランティアの思いのズレについては、目標を共有した。学校と地域が情報共有しやすいツールを使っていくこと、学校との関係が回復するような誘いかけをしていくこととした。

　会議の後半は、Bさんに入ってもらった。「このメンバーはBさん家族の応援チームであること」、「支援チームは網のようなものであり、Bさんは偏ったら落ちてしまうから、ひとつの支援者に偏らずに学校や他の支援者を上手に利用してほしい」ということを伝えた。

　元気がなくなっているBさんへ、メンバーからメッセージも伝えた。たくさんのエールをもらい、Bさんはスキップをするぐらい元気になり、学校との関係も回復した。

　Bさんは学校を卒業した。現在、保健課、社協、児童ケースワーカーからなる母の支援チームで、重層的支援の枠組みの会議を行っている。食料支援をきっかけに、母と支援者との関係をつくる努力を続け、以前と比べると、母のBさんへの対応も柔らかくなっている。Bさんは母

の変化に大変喜んでいる。

②活動のポイントと工夫

　本事例については、母への接触が難しく、Bさん自身への支援がメインとなった。最初、Bさんは大人を信じていなかった。しかし、大切な妹を喜ばせてくれて、大切な妹が信用した人（今回はSSW）から手紙をもらったBさんは、一度も会ったことがなくてもSSWを信用できる人である、と受けとめた。

　これはヤングケアラー支援のポイントとなる。ヤングケアラーは、自分のことより、大切な家族が喜ぶことを望んでいることが多い。ケアラー本人への支援の必要性の方が強調されがちであるが、実は、家族への支援は、家庭に帰ったこども自身の負担を軽減できる、効果の高い支援である。また、ケアラーであるこどもは、自分の家族を大切にしてくれる人間を信頼することが多く、家族への支援者をきっかけに、こどもへの支援が広がることが多い。こども本人への支援が進みにくい場合でも、まず、そのこどもが大切にしている人につながってみる、という視点を取り入れてみることをお勧めしたい。

　2つ目のポイントは小中学校の連携である。入学前に、中学校でBさんの家庭状況について理解できていたことで、担任やクラスに配慮ができており、服装や物がそろわなくても注意されずにそっとカバーしてもらえた。Bさんは、卒業するまで、登校していなくても途切れることなく、学校と教員とつながり続けることができた。入学前の会議の効果が大きく影響した例である。

　児童福祉関係機関がつながっているケースにおいては、ぜひ、進学や卒業のタイミングで、進学先の学校との連携ケース会議を開催していただきたい。こどもや家族の環境を事前に情報共有することによって、よ

り具体的な支援策を考えていくことができるだろう。

　3つ目のポイントは、Bさん本人が参加した会議である。この事例のようになかなか家族支援が進まないケースでは、こどものしんどさが募りやすい。そのため、支援チームにはどんな人がいて、どんな役割を担うのかを説明することで、こどもは一人ではないことを感じられる。Bさんが直接支援者へ思いを伝えることや、逆に支援者の思いをBさんに伝えることは、みんなで支援計画を考えている、ということを感じることができる。支援者にとっては、気持ちを引き締めて支援を進めるモチベーションになる。

　何よりも、Bさんが多くの人に支えられて笑顔になっていることは、母にとってもうれしいことであり、頑なだった母の姿勢に少しずつ変化をもたらした。結果的に、最初の目的であった母への支援を進めることになっている。

　当事者参加型のケース会議は、当事者のエンパワーメント（眠っている力を呼び覚ます）になり、支援者の連携を進める上でも大きな役割を果たす。事前に目的と方向性を打ち合わせた上で、ぜひ取り入れていただきたい。

③成果と今後の課題

　支援者に拒否的な家庭に対して、同じメンバーで同じ試みをしても膠着状態になってしまうことがある。SSWが新しくチームに入ったことで、少し違う介入方法になったことが、変化のきっかけとなった。効果が見えないときには、アセスメントをやり直してみることは重要である。別の支援者を入れてみることで新しいアセスメントやプランニングを生み出すきっかけとなる。また、3年間で家庭支援があまり進められず、こども本人への関わりがメインであったことは、残念な結果と言え

る。しかし、Bさんの笑顔が増えたことで家族に変化の兆しがあること
は、今後支援者に対して拒否的な家庭に関わるヒントになると考える。

　反省点は、こども主体のプランニングになりすぎたことである。いく
らBさんがしっかりしているからといって、母の怒りを買うかもしれ
ない行動をBさんに担わせることを支援プランに入れるのではなく、B
さんの気持ちを大切にしつつ、Bさんに関与させずに家族への支援を進
めるべきであった。

　ヤングケアラーの多くは、年齢よりもしっかりしていて、なんでも
「大丈夫」「できる」「自分がやる」という傾向がある。家族への支援は、
こどもの家庭での過ごしやすさに影響する非常にデリケートな問題であ
る。こどもの気持ちは聞きつつも、決定はさせず、家族の支援チームで
ある支援者がそっと後方から支援を進める方が、こどもに負担をかけず
にすむ。また、すべての事例に共通する課題であるが、教育・福祉領域
では、人手が足りず、余裕がないため、どうしてもチーム会議などで、
仕事を回避しようという雰囲気になることがある。私の働くエリアで
は、一時保護所や里親、児童養護施設も満員状態であることが多く、障
害福祉サービスの計画相談支援事業者も空きがなく、利用できない状態
が続いている。

　ヤングケアラーに関わらず、教育や福祉に携わる職員が意欲をなくす
ほど余裕がない状況では、こどもたちの安心安全は守れない。使える制
度が回らないほど社会資源や支援者の絶対数が少ないと、せっかく家族
やこどもに支援を入れる手前まで話が進んでも、タイミングを逃してし
まう。現場で仕事をしていて、もっとも苦しいことは、人の少なさと余
裕のなさ、社会資源の少なさである。行政には、こどもに関わる仕事を
している職員が、やりがいをもって健康に生き生き働けるように必要な
スタッフの人員配置の調整を切望する。

　本事例では、ケース会議で、児童福祉関係ではない関係機関も、本生徒をヤングケアラーと捉え、精神的負担と家庭環境の改善の必要性を共有できた。こどもに直接関わらない関係機関も、その職域でできる限りの家族支援に動くことができた。

　それぞれの専門領域では、対象となる障がい者・高齢者などと主たる介護者との面談等により支援計画を立てることが多い。その際、その世帯のこどもの気持ちや状況を考慮に入れるとき、支援計画が変わることや、緊急度が上がることがある。

　本事例でも、こどもの思いや状況を各担当者が知った上で、母親の支援計画を立てたことで、より具体的でスピード感のある支援計画につながった。それは、こどもだけでなく、家族全員の利益につながった。

　ヤングケアラーの視点を入れることは、一見手間が増えるようでいて、実は年月を経て、家族全体の環境の改善につながっている。

　介入後 3 年間は、環境は大きく改善できなかったが、B さんは多くの大人や地域に支えられた経験ができた。この経験は、B さんが大人になって、子育てに困ったときや家族の介護に困ったとき、誰かにサポートを求める力となる可能性は高い。

　ポジティブな小児期体験は、大人になってからも、その人のメンタルヘルスを支え、人からサポートを受ける力をもたらす効果があるということが、科学的に証明されている[1]。B さんが支援を受けた経験は、この先の困難において、人と繋がり、支えあうことの良さを思い出してくれるであろう。

　その後、B さんは中学校を卒業後、高校を中退してしまい、友人宅を転々としているため、支援者との関係が薄くなってしまった。一般的に

1　ジェニファー・ヘイズ＝グルード、アマンダ・ジェフィールド・モリス（2022）「小児期の逆境的体験と保護的体験―子どもの脳・行動・発達に及ぼす影響とレジリエンス」菅原ますみほか監訳、明石書店

　高校では、教員と生徒との距離が遠くなることが多く、通信制高校など登校日数の少ない高校もある。家の事情や経済的な理由などから中退するヤングケアラーも多い。

　しかし、ヤングケアラーは、年齢が上がるとともに、ケアと学業や仕事との両立に苦しむことや、こどもらしく過ごせなかったこども時代のトラウマなどから心身の不調が出てくることもあり、継続した支援が必要である。中学校卒業後や18歳を超えた若者ケアラーを継続して見守り、必要に応じて支援する窓口が必要である。

　行政には、こどもが成長しても、支援が途切れて孤立することのないよう、ヤングケアラー支援の担当部署を整備して欲しい。

　SSWは、多職種との連携ケース会議だけでなく、校内でのケースカンファレンス（事例検討会）や支援体制の確立も担う。要保護児童にあがっていないこどもたちの中でも、小さな変化を校内で共有し、早期に対応する校内支援チームをつくり、校内での役割分担を行っている。

　環境の中にリスクがある児童生徒を全員ピックアップして見守る「スクリーニング」を行うこともある。ヤングケアラーの中には、不登校やいじめなどには名前が挙がらず、むしろしっかり者の優等生であるこどももいる。学校現場では、対応すべきことが多すぎて、表面上問題がない児童生徒には特に対応ができないことが多い。スクリーニングなど予防的な視点を取り入れることで、早期対応を可能とする。教育現場が多忙だからこそ、予防や早期対応により、先手を打つことで対応が遅くなって改善が困難になることを回避できる。

　このように、多職種連携、チームによる支援、校内支援、そして予防まで、SSWが担う仕事の幅は広い。これまでの経験を活かしながら引き続き取り組んでいきたい。

（兵庫県内小・中・高校スクールソーシャルワーカー　黒光さおり）

4 | 特定非営利活動法人「ふうせんの会」の軌跡と「大阪市ヤングケアラー相談支援事業」〜新たな支援拠点の創設に挑む〜

はじめに

　ここ数年の間に、それまで影も形もなかった「ヤングケアラー支援」の様々な実践が各地で広まりつつある。ここで紹介する「特定非営利活動法人（NPO法人）ふうせんの会（以下、「本会」という）」におけるヤングケアラー支援活動もその1つであるが、本会はブームともいえる潮流が起きるその前から、個人でそして任意団体として動き出していたヤングケアラー・若者ケアラーの当事者会である。

　彼らの存在は、ごく最近まで、ここまで社会に知られていなかったし、彼らを取り巻く様々な課題にも目を向けられることもなかったといっても過言ではないだろう。しかし、そこに変化を投じるのは、狭間の課題に注目し、官民問わず、誰に言われるでもなく動き出した人たちのアクションがあって今があることを是非お伝えしたい。

　ここでの主題は、2022年8月から始まった「大阪市ヤングケアラー相談支援事業」を中心とした行政との連携に関する紹介である。本会は、大阪市より当該事業を受託することとなり、市内中高生ヤングケアラーや関係者を対象としてピアサポート力や対人援助の専門性を活かした相談支援を開始した。だが、無から制度が生み出され、絵に描いた餅ではなく生きた実践を伴うこと、これは一朝一夕には成し得ない。本会の足跡をたどる中で、行政とNPO法人が協働連携を築く際のヒントが得られるなら幸いである。

①ふうせんの会のはじまり

　当会発足に至る端緒としては、現・代表理事である濱島淑恵准教授や

元ヤングケアラー・若者ケアラーの当事者らが、2015年頃から個々に活動を始めていたことが挙げられる。濱島らの研究チームは2016年、大阪府の府立高校の生徒約5,000名を対象に質問調査をし[2]、2年後の2018年には埼玉県の県立高校の生徒約4,000名を対象とした質問調査を実施した[3]結果、高校生におけるヤングケアラーの存在割合は5％であるという類似した結果が示された。我が国で初の大規模な質問紙調査である。その調査結果から、注目すべき課題の1つとして、ヤングケアラーの「孤立・孤独」の問題を把握する。だが当時は、今日ほど注目は集まっておらず、支援が始まる兆しもなかった。同時期に、ニーズがあるにもかかわらず必要な支援が無い状況に対し、当事者メンバーらが声を上げ始めていた。このような背景があって、ついに2019年12月、交友のあった4名の当事者と濱島らが"誰もしないなら自分たちが動くしかない"と意を決し、会を設立したのである。当初の目的は、①ヤングケアラーたちが集い、つながる場所をつくること、②集まることによって、社会にヤングケアラーの存在を発信していくこと、の2点であった[4]。

　2020年7月を皮切りに隔月に1度、高校生以上の元・現ヤングケアラー・若者ケアラー（2022年8月からは中学生も可）を対象に、孤立・孤独を防ぎ、集い、つながる場としての「つどい」を開催した（現在は、奇数月の第2日曜・午後、対面での開催場所は枚方市内・大阪市内を交互で実施）。コロナ禍に見舞われるもZoomも駆使してハイブリッドでの運営を心掛けた。さらに、オンライン上での交流機会も増やそう

2　濱島淑恵・宮川雅充（2018）「高校におけるヤングケアラーの割合とケアの状況」『厚生の指標65（2）』厚生労働統計協会、P22-29

3　濱島淑恵・宮川雅充・南多恵子（2020）「高校生ヤングケアラーの存在割合とケアの状況―埼玉県立高校の生徒を対象とした質問紙調査」『厚生の指標67（12）』厚生労働統計協会、P13-19

4　濱島淑恵他（2022）「ヤングケアラー支援におけるピアサポート活動の意義と保健師に期待したいこと」『保健師ジャーナル78（4）』医学書院、P288-294

と、2021年度に入り、「ふうせんカフェ」（偶数月の第 3 水曜・夜）もスタートさせた。Zoom を使うことで、コロナ禍を乗り切ることができたのはもとより、全国各地の当事者の皆さんたちと出会い、つながれる貴重な場となった。また、個人的なことを話したい人には「少人数セッション」と銘打ち、専門職や当事者メンバーとオンライン上で話し合う場も設けた。さらに、会を重ねるごとに、会の運営メンバーとして参加したい当事者メンバーも増え始め、そこに数名の対人援助専門職も加わった。筆者も第 1 回「つどい」から参加している。このように、徐々に会の活動や体制が育ち始めることとなった。

②増え続ける相談、NPO 法人化を決断

　始めた頃は、メンバーの口コミで誘い合った参加者が集まっていた「つどい」だが、Twitter など SNS での広報の反応が高く、じわじわと新たな参加申し込みが増えていった。その理由の 1 つとして、ピアサポートへの期待が考えられる。ここにピア（仲間）がいるからこそ、出会いやつながりを求めて、あるいは相談したいという声が届くという循環が見て取れた。「つどい」への参加理由で最も多いのは、"ヤングケアラーの経験を持つ人たちと語る場がほしかったから"で、次に"ヤングケアラーの経験を持つ人たちと会いたかったから"である（2021年 9 月第 7 回〜2022年 9 月第13回の「つどい」参加者アンケート集計結果より）[5]。このピアサポート力の高まりは、本会の大きな特徴の 1 つであった。

　一方、偶然にも同じ時期となる2020〜2021年、国は「ヤングケアラー

5　特定非営利活動法人ふうせんの会（2022）『ふうせんの会「つどい」参加者の声〜終了後のアンケート結果より〜』

の実態に関する調査研究」[6]を実施、その結果を踏まえて、2021年5月、今後取り組むべき施策を取りまとめて発表している。歩調を合わせて始まったマスメディアによる広報の影響などにより、会への問い合わせが急増することになる。2021年度の事業回数や相談受付件数は、記録化できたものだけでも図表24の通りである（当時はメンバー全員がボランティアで行っており、抜け漏れもあると考える）。

　この件数の水面下では、1件につき相当回数の調整や作業実務が伴う

図表24　ふうせんの会2021年度実績

項　　目	実績
つどい開催	6回 （のべ参加者数は173名）
ふうせんカフェ開催	3回 （のべ参加者数は15名）
少人数セッション （個人的な相談に対し、ニーズに応じて専門職、元・現当事者メンバーで対応）	7回
マスメディア等からの取材依頼	43件
研修依頼（講師派遣依頼）	18件
原稿執筆依頼	2件
当事者からの相談	14件
学生からの相談（中学生〜大学院生から、総合学習の課題や卒業論文等に関する相談）	14件
その他の相談	15件
寄付の相談	5件

（当会記録による）

6　厚生労働省「ヤングケアラーについて」ホームページ https://www.mhlw.go.jp/stf/young-carer.html（最終閲覧日2023年6月9日）

ため、応えるための膨大な時間を要する。また、当事者相談はセンシティブなものも多く、「つどい」や「ふうせんカフェ」開催は言うまでもなく、その一つひとつに対人援助やピアサポートに纏わる配慮が必要で、高い専門性も求められる。そればかりか、行政、マスコミ、企業、福祉医療等専門職など、相談をいただく先は多岐にわたり、多分野・多機関への対応力も必要であった。わが国にはヤングケアラー・若者ケアラー支援の前例はなく、"走りながら考える"ことが常態化していた。

　2021年度の運営メンバーは約15名。元・現当事者が最も多く、他にも福祉専門職、研究者も数名いるという構成で、全員が学生や社会人との掛け持ちのボランティアである。少数のメンバーで何から何まで担わざるを得ない脆弱な態勢であった。

　会の目的が前進していくことに喜びを感じながらも、もはやボランティア活動の分水嶺を超えていると感じた本会は、ある決断をする。それは、持続可能な活動ができる体制を目指すこと、つまりは特定非営利活動法人（以下、「NPO法人」という）へと基盤強化を図ることを決意したのである。

　法人格をもち非営利活動をしようとするとき、現在ではNPO法人のみならず、一般社団法人など他にも選択肢がある。しかし、これまで事業に参加してくれた多くの当事者をはじめ、マスメディア等を通じて知ってくださった全国の市民や同分野で活動する関係団体や企業、助成団体など多くの方々に支えられ歩んできた本会の主旨を考えると、NPO法人が適していると判断した。

　NPO法人の認証までの道のりは、運営メンバーだけでは歩むことはできなかった。プロボノの陰ながらの助力や、ヤングケアラーを応援したいという方々からご寄付を頂戴するなど、会そのものへの応援の輪が広がったおかげで、2022年2月、無事、NPO法人の認証を得ることが

〈ビジョン〉

　ヤングケアラー・若者ケアラーが「いきる」社会をつくる

　ふうせんの会のビジョンには、ヤングケアラー・若者ケアラーが当たり前に「生きる」ことができる社会、そしてヤングケアラー・若者ケアラーの価値が「活きる」社会を目指すという 2 つの意味があります。

〈私たちが掲げる 3 つのミッション〉

・ヤングケアラー・若者ケアラーに安心・つながり・子ども（若者）らしい時間を提供する。
・ヤングケアラー・若者ケアラーが自分を知り、未来を語り、夢を持ち、自分らしく生きるための選択肢を提案する。
・社会の周知・啓発を図り、ヤングケアラー・若者ケアラーとその家族のための支援体制を提起する。

（出典：特定非営利活動法人ふうせんの会ホームページ）

できた。

　法人格を取得した後、運営メンバー全員で意見を出し合い、それをもとに新たなビジョンやミッションを策定した。現在は、それに基づいて実践を展開している。

③国の打ち出した「ヤングケアラー支援体制強化事業」

　前述したように、2021 年 5 月、国は今後取り組むべき施策を取りまとめている。それは主には 3 点あり、1 つ目は「早期発見・把握」、2 つ目は「支援策の推進」、3 つ目は「社会的認知度の向上」というものであった。さらに、地方自治体がモデル事業を行う際に国が財政支援をするために「ヤングケアラー支援体制強化事業」[7]を新設した。当該事業は、

7　厚生労働省（2022）「ヤングケアラー支援体制強化事業実施要綱」

①実態調査・研修推進事業と②支援体制構築モデル事業に分類され、後者の概要は、次の通りである。

- ●関係機関と支援者団体等とのつなぎ役となるコーディネーターの配置
- ●ヤングケアラーにとって、家事や家族の世話についての相談先として心理的なハードルの高い公的機関に代わる効果的な相談窓口として、ピアサポート等の悩み相談を行う支援者団体への支援
- ●ヤングケアラーがより気軽に悩みや経験を共有することができる新たな場所として、SNS や ICT 機器等も活用したオンラインサロンを行う支援者団体の設置運営・支援

だが、これはモデル事業である。全国各地で実態調査も行われていたが、ヤングケアラーの存在割合や置かれている状況は地域差もあり、どのタイミングでどのような事業をどのようなスタイルで行うかはその自治体の考えや状況によって異なる。そのことは承知しつつも、これは会への問い合わせの急増に関係した施策であり、当然、我々もこの内容は目にしていた。ピアサポートやオンラインサロンなど、活動メニューには類似する部分もあり、我々のようないち任意団体が担える公共は小さくとも、地方自治体が事業化すれば、必要な誰にも支援の手が行き届くことになると期待の気持ちが膨らんでいた。

④大阪市でヤングケアラー支援に向けたプロジェクトチームが始動

大阪市は、このタイミングに支援に向けた舵を切り、大きく動き出そうとしていた。2021年5月に設置したヤングケアラー支援に向けたプロジェクトチーム（区役所、福祉局、健康局、こども青少年局及び教育委

員会事務局）のもと、市立中学校の生徒を対象とした独自の「ヤングケアラー実態調査（以下、「実態調査」という）」や市民・関係先への啓発等を行うなど、こどもたちがこどもらしい生活を過ごせるように支援を進めようとしていた。これは、ヤングケアラーの今後の支援のあり方・対策の方向性を検討するために発足させた、副市長をリーダーとする庁内横断型の機動的な組織であった。

　2021年度には、市立中学校の全生徒約52,000人を対象とした実態調査を実施し、翌年3月に速報値を、7月には「大阪市立中学校生徒を対象としたヤングケアラー実態調査報告書」を発表している。その結果、「ケアを要する家族がいる、自分がその人のケアを担っている」と回答したヤングケアラーは大阪市内の中学生の9.1％いることがわかり、5.7％だった国の全国調査より高い数値となった[8]。

　そして、支援の具体策の1つとして打ち出されたのが、「ヤングケアラー寄り添い型相談支援事業」である（図表25参照）。元ヤングケアラーが参加するオンラインサロンや、ヤングケアラーの多様な悩みに対しSNS、電話などで相談支援を行うピアサポートを実施するとともに、希望に応じて関係機関（区役所等）へ同行するなど寄り添い型の支援を行うとした事業となっている[9]。事業は、(1) 相談支援業務（ピアサポート及びコーディネーターの配置）、(2) オンラインサロン業務、(3) 上記 (1)(2) の広報・周知業務の3点で構成され、事業対象者は、大阪市民の主に中学生及び高校生世代に設定された（ただし、(2) オンラインサロンについては、大阪市民以外の参加も可）。

　もともと、こども・若者にとって、自ら行政や福祉事業所等に相談に

8　大阪市（2022）『大阪市立中学校生徒を対象とした ヤングケアラー実態調査報告書』
9　大阪市ヤングケアラー寄り添い型相談支援事業ホームページ https://www.city.osaka.lg.jp/kodomo/page/0000573641.html（最終閲覧日2023年5月8日）

図表25　ヤングケアラー寄り添い型相談支援事業

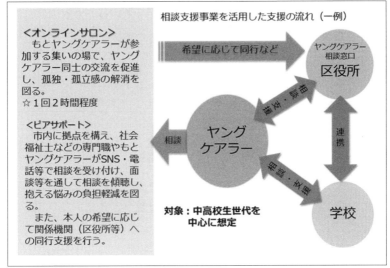

（出典：大阪市ホームページ）

　行くのは極めてハードルが高い。前掲の実態調査でも、ケアをしている
ことを家族以外の「誰にも話していない」と回答した者が約 6 割にの
ぼった。「話したことがある」と回答した場合でも、相手は「友人」が
多数を占め、「学校の先生」に話したことがある者は 3 割程度にとどま
り、「スクールカウンセラー」、「スクールソーシャルワーカー」、「医療
や福祉の専門職」等に話している者は極めて少なく、「頼れる大人」に
話せていないことが明らかになっている[10]。また、家庭内のことは見え
にくく、ヤングケアラー・若者ケアラーという言葉の周知度はまだ高い
とはいえない中、周囲の専門職や地域の大人が発見することも難しい。
　そこで、ピアの相談員や社会福祉士等の専門職がヤングケアラー相談

10　前掲、大阪市（2022）『大阪市立中学校生徒を対象とした ヤングケアラー実態調査報告書』P56

の窓口を担うことで、相談へのハードルを和らげ、必要な支援への触媒として機能することを狙いとした建付けとなっている。大阪市は、この事業を公募型プロポーザル方式で民間事業者に委託するとして2022年4月20日、ホームページに公募情報が掲示されたのである[11]。

　この情報があがった時点で、本会は既に NPO 法人となっており、ギリギリ応募資格を満たしていることがわかった。そして何より、本会事業との親和性も感じ取れる内容であった。我々のノウハウを生かし、必要な人たちにさらに手が届くなら応募を前向きに考えたい。それに、公募型プロポーザルは、エントリーした事業者が仕様書に示された業務に対して企画提案書を提出し、その企画内容で競う方式だ。この方式の募集であったおかげで、本会のような設立間もない団体にも手を挙げるチャンスが巡ってきたともいえる。

　だが当時は、まだ有給スタッフのいないボランティアグループ然とした態勢のままであり、挑戦するかどうかは大きな賭けであった。業務体制も含め、最も評価された1社が受注できる仕組みである。競合相手が選ばれる可能性も大いにある。

　熟慮に熟慮を重ねた結果、応募を決めて書類を作成し、プレゼンテーションに臨んだ。厳正に審査いただいた結果、本会に事業委託が決まったという知らせがあったのは2022年6月末のことである。翌7月には双方で仕様書の確認と契約を行い、有給職員2名の雇用も生まれ、瞬く間に8月からの事業がスタートした。こうした巡りあいにより、大阪市事業を受託するという形で「ヤングケアラー寄り添い型相談支援事業」の運用が始まったのである。

11　大阪市こども青少年局プロポーザル方式等発注案件「大阪市ヤングケアラーへの寄り添い型相談支援事業業務委託」ホームページ https://www.city.osaka.lg.jp/templates/proposal_hattyuuannkenn/kodomo/0000565198.html（最終閲覧日2023年5月8日）

⑤「大阪府福祉基金地域福祉振興助成金」にもヤングケアラー支援団体の助成枠が誕生

　話は2023年 4 月にさかのぼる。本会のピアサポート力を支えるのは、当事者経験のある運営メンバーの存在である。「つどい」は本会の基幹事業であり、本会のエネルギーの源ともいえる大切な場所である。様々な問い合わせが殺到し、ボランティアベースでは回らなくなっていた本会にとって、「つどい」をはじめとする従来から取り組んできた事業を安定的継続的に運営することは最大の課題であった。

　この時期に偶然にも、大阪府が運用する「大阪府福祉基金地域福祉振興助成金（以下、「福祉基金」という）」に施策推進公募型事業（テーマ：「地域におけるヤングケアラー支援のモデル事業」）が設けられ、追加募集中であることを知る。大阪府でもヤングケアラー支援を進める必要があるとの認識のもと、2022年 3 月に、府の施策の方向性と具体的取組みを示すため、指針の策定を行っていた。その中に、ヤングケアラーを支援する NPO 法人等の掘り起こしや民間団体への助成が掲げられていたのである[12]。福祉基金の募集条件と本会の事業が合致することから、こちらも応募することとなり、2022年 7 月から補助金を助成いただくこととなった。そのおかげで 7 月には事業実施のための職員 1 名の雇用につながり事業の推進を後押ししてくれた。そのことにも是非触れておきたい。

⑥非常に助かった「市民活動サポートセンター」の存在

　大阪市、大阪府との関係構築が始まった本会にとって、非常に助かったのは、現在、事務所を置く社会福祉法人大阪ボランティア協会[13]（大

12　大阪府「ヤングケアラーへの支援」https://www.pref.osaka.lg.jp/chiikifukushi/youngcarer/index. html（最終閲覧日2023年 5 月10日）

13　社会福祉法人大阪ボランティア協会ホームページ https://osakavol.org/（最終閲覧日2023年 5 月10日）

阪市中央区）からの支援であった。市民活動を広く仲介・支援するいわゆるインターミディアリーであり、我々のような駆け出しのNPO法人にはなくてはならない存在だ。この間も、行政との関係づくりにあたり多くの助言をいただいたことが大いに役立った。

⑦「ヤングケアラー寄り添い型相談支援事業」が始まって

　こうして大阪市より受託した「ヤングケアラー寄り添い型相談支援事業」が始まった。だが開始当初は、相談らしい相談はやってこなかった。それも道理で、このような事業が世に生まれたことを世間は知らないのである。まず、事業そのものを広く周知せねばならない壁にぶち当たった。そこで、大阪市担当者が尽力くださり、市内の中学高校や福祉

図表26　事業案内チラシ

図表27　「ヤングケアラー寄り添い型相談支援事業」2022年9月～2023年3月　実績

１．相談者　（実人数）

9月	10月	11月	12月	1月	2月	3月	合計
2	5	5	7	4	6	1	30

２．相談方法（のべ回数）

	9月	10月	11月	12月	1月	2月	3月	合計
LINE	9	33	42	75	19	61	248	487
メール	5	9	10	3	2	12	2	43
電話	0	3	3	4	11	64	47	132
対面	0	0	1	2	3	14	22	42
同行支援	0	0	0	0	0	2	7	9

３．相談経路

本人	家族	学校（SSW）	学校（教育相談担当）	施設心理士	区役所	区社協	障害基幹センター	児童家庭支援センター	障害福祉	不明
12	1	4	2	2	1	1	1	1	2	3

※ SSW＝スクールソーシャルワーカー　　　　　　　　　　　（当会記録による）

関係者の研修機会を捉えては情報提供をいただき、そこへ本会スタッフが訪問し、冒頭に数分間、事業説明やチラシ配布の機会を設けるなど徹底的にローラー作戦で周知に努めた。そのためのチラシも新たに作成した（図表26）。市担当者も我々も、ヤングケアラーの傍にいる関係者に事業を知ってもらうことで、こどもたちにリーチしたい。その一心であった。その甲斐あって、相談件数はじりじりと上昇し、昨年度の実績は図表27のようになった。当事者自身が悩みを寄せるケースや、ヤングケアラーであるこどもを目の前に、手をこまねいていた関係者から何と

かしたいという相談があがってくるようになった。

⑧「ヤングケアラー寄り添い型相談支援事業」のケースの実際

　ここでは、具体的な相談事例を取り上げる。ただ、個人情報保護の観点から学校や機関を通して寄せられた事例のみに限定し、趣旨に影響のない範囲でアレンジを加え、概略のみの紹介であることをお断りしておく。

case 5　高校・スクールソーシャルワーカーから卒業後のサポートを引き継いだ事例

　高校教諭およびスクールソーシャルワーカーから、卒業間近でヤングケアラーの可能性がある生徒について相談が入った。卒業後学校がサポートすることが難しく、その後も相談にのってくれたり、サポートしてくれる団体を探しているという。そこで、当該生徒在学中に本会職員が学校へ訪問し、生徒、スクールソーシャルワーカーと一緒に話ができる機会を設けた。その次のステップとして、一人で当会の事務所に来てもらうことができた。その後も一人暮らしの準備や、生活保護に関するサポートをしながら、段階的に関係性を構築している。

case 6　区役所子育て支援課から高校卒業後の自立支援を引き継いだ事例

　高校のスクールソーシャルワーカーより子育て支援課に相談が入ったという。同課としては、当該生徒が18歳を超えており卒業間近だったため、本会に連絡が入る。そこで本会職員が学校に訪問し、支援コーディネーターや高校教諭から詳細を伺うことから始めた。その後、教員同席

のもと生徒と会い、学校と連携しながら高校卒業後の自立に向けた支援を開始した。ケアが必要な家族から離れ、自立した生活を送る第一歩を踏み出した。当初は相談すること自体が申し訳ないという思いがあったようだが、現在は気軽に相談をしてくれるようになった。その後も一人暮らしの準備や生活保護に関する手続きのサポートを行いながら継続的な支援につながっている。

case 7　高校の支援コーディネーターからの事例

　相談支援でつながった高校の支援コーディネーターより、高校の卒業生（元・生徒）に関する相談を受ける。当該の元・生徒は卒業後も学校を訪問し、家族のケアがあることで、自分の時間が取れないことを教員に近況報告していた。教員、元・生徒ともに学校以外にも元・生徒の居場所が必要と感じていたため、当会への相談に至る。初回は教員と生徒に会い、以降は生徒のみで来所するに至る。来所時は、当会運営メンバーで元・現当事者がピアサポーターとなって、母親のケアに対する想いや日常についての話を傾聴している。継続的な来所につながり、気軽に来られる居場所となっている。

case 8　社会福祉協議会のコミュニティソーシャルワーカーからの事例

　社会福祉協議会のコミュニティソーシャルワーカーから、外国にルーツのあるこどもに関して、ヤングケアラーの可能性があると本会に連絡が入る。コミュニティソーシャルワーカーとは、制度の狭間にある地域のケースを受け止め、伴走しながら課題解決につなぐ役割を担うソー

シャルワーカーである。保護者自身にも言語的サポートのケアが必要なことから、そのこどもの進路について考えたり、理解をしてくれる大人が周囲に少なく、苦慮しているとのことであった。当人は高校中退後、編入学を希望していたため、社会福祉協議会と連携し、高校見学から入学手続きまで進路選択のサポートを行う。その際、家族ともお会いし、書類作成や学校見学の同行などのサポートに関する了承を得る。経済面のサポートについても社会福祉協議会と連携し、貸付制度、授業料無償化制度（通信制 / 定時制）などの情報を提供する。高校入学後も、レポート課題など学校に関することなど気軽に連絡をしてもらえるようつながり続けている。

case 9 　入所施設からの事例

当該生徒が施設入所中に、施設職員から中学卒業後のサポートについて相談が入る。生徒の施設退所後は、要ケア状態にある高齢の父親と同居を開始し、学業や部活動に取り組みたいとの意思があるという。そこで、児童相談所や区役所などの関係機関と連携を図りサポートを開始した。本人の変化として、徐々に周囲の大人にSOSを出せるようになった。新生活に必要な準備（買い物、進学先の書類整理）を手伝い、進学先の高校や入所施設、区役所などと連携を図り、生徒が学校生活に専念できるよう環境を整えながら、継続的なサポートを行っている。

以上、2022年度の相談事例の中から5事例を紹介させていただいた。ここから見えてくることとして、ヤングケアラーへの支援というと、ケアの負担軽減などに目を向けがちだが、それだけではなく、そのこども自身の進路相談や生活の支援も必要であるということが伺える。外国に

ルーツのあるこどもに関しても、言葉の壁や人間関係の希薄さといった課題が、こどもの進路にも影響を及ぼしている。

　また、高校まではすぐ傍らに教員やスクールソーシャルワーカーといった専門職がおり、常に気にかけ、困りごとがあれば対応することができる。だが、卒業してしまうと、途端に頼れる社会資源がなくなってしまうのである。現時点でそう困っていなくとも、何かあったときに頼れる相談先として"つながり続けることのできる"相談機関が求められていることがわかった。

　このような相談は、本来は人に話しづらいことだと思われる。だが、普段から傍にいて親身にかかわる教員やスクールソーシャルワーカー、福祉専門職らが伴走し、潜在化していたニーズを本会につないでくれる。そして次に出会う本会には、ピアの立場の職員もいることから理解や共感が生まれやすい。「ヤングケアラー寄り添い型相談支援事業」の建付けが有効に機能していると実感している。

　これからも事業が継続する中で、個別具体な相談と出会うだろう。我々にはどのようなことができるのか、一緒に考えていきたいと思う。

　このように、民間団体の力だけではできないことも、行政が動けば多くのヤングケアラーに支援の手を差し伸べることができる。ヤングケアラー寄り添い型相談支援事業は2023年度から中学生対象、高校生対象の２本柱となり、事業規模も拡大した。初年度の蓄積を生かした発展的展開が期待されており、本格稼働はこれからだ。大阪市内に確実に存在する中高生ヤングケアラーや関係者と出会い、事業目的であるこどもたちがこどもらしい生活を過ごせるよう、支援をますます拡充することが今後の課題である。

おわりに

　こうして、大阪市に新たなヤングケアラー支援の社会資源が生まれた。これは単なる偶然の産物なのだろうか。地域事情に合わせて支援策を立案していた行政の働きと、世論に背中を押されて組織として事業を本格化しようとしていた本会、どちらが欠けても実現しなかったことである。NPO法人をサポートしてくれるインターミディアリーの存在も大きかった。ヤングケアラー支援のために思いを持った人たちが同時期に存在し、そこに出会いや共感が広がり、新しい協働実践の芽が次々に生みだされて現在に至っている。振り返ってそう感じている。この一連の出来事が、我々と同じく、ヤングケアラー支援に思いを馳せる関係者にとって役立つものであればと願っている。

（特定非営利活動法人ふうせんの会常務理事
関西福祉科学大学社会福祉学部社会福祉学科准教授　**南多恵子**）

（原稿協力）

「ふうせんの会」大阪市ヤングケアラー寄り添い型相談支援事業担当職員：西川ゆかり、山中葉月

第**3**節　**事例の振返り**

　本章では、ヤングケアラー支援に取り組む自治体、専門職、民間団体の例をみてきた。ヤングケアラー支援は緒に就いたばかりであり、その意義を議論するには時期尚早かもしれない。今後さらに変化する可能性もある。しかし、現在、ヤングケアラー支援の体制、方法について検討している地域にとって、これらの先駆的な取組みには学ぶべき点が多い。本節では、これまでの事例を振り返り、ポイントを整理したい。

1　ヤングケアラー支援のポイント

　教育、福祉の現場では、ヤングケアラー支援の方法がわからないという声も多いが、決して特別なことをするわけではない。家庭の状況とヤングケアラーが担うケアの状況を整理したうえで、こどもの抱える困難とニーズ、家族の抱える困難とニーズを把握する。そして、「ヤングケアラーの支援」を中心に据えながら、既存の社会資源と新規のヤングケアラー支援を利用し、様々な機関が従来のようにそれぞれのできることを考え、実行することになる。何か特別なことを行うわけではないが、一方で留意すべきポイントがいくつかあることも事例からは読み取れる。

2　家庭状況の把握について

　最初に家庭の状況把握を行うが、その際、ケアを要する家族の状況、

制度やサービス等の支援状況に加え、家族が担うケアの状況を詳細に把握する必要がある。家庭内における介護、育児はもちろんのこと、家事、感情的サポートの状況、家族関係の調整、対外的な役割（医療、福祉、学校等とのやりとり、書類作成や窓口での手続き、町内会等地域への参加等）、就労、生活経営等に至るまで、誰がどのような役割を果たしているかを把握する必要がある。ヤングケアラーの担っている役割は幅広く、それがケアであるとは気づきにくいようなケアや、直接的なケアではないがケアを要する家族がいるために派生する家族内での役割もある。「ケア」に対する感度の良いアンテナを持ち、細やかに把握していく必要がある。

3 ｜ 3つの視点でのアセスメント

ケアを要する家族の視点・ヤングケアラーの視点・大人のケアラーの視点

（1）ケアを要する家族の視点

①ケアを要する家族の視点でのアセスメント

　第1に、ケアを要する家族の抱える問題、ニーズを把握し、適した支援を考えることが必要である。ヤングケアラーは、ケアを要する家族が十分にケアをされていないためにケアを担うことが多い。ヤングケアラーのケア負担の軽減、解消のためにも、ケアを要する家族がどのような問題、ニーズを抱え、いかなる支援が必要かを検討する必要がある。実際に本書に登場した事例を振り返りたい。

　第2節のスクールソーシャルワーカー（以下、「SSW」という）のcase 3（102頁）においては、Aさん自身も様々な問題を抱えていたが、まずは障がいを有する父親への支援不足に焦点を当て、医療や各種福祉サービスの利用を強化していた。事例の介入前、介入後のエコマップを

見ればその差は明確であるが、数多くの既存の社会資源を入れることで
家庭の安定を図っていた。

　case 4（112頁）の事例では、母親は離婚を機に、働きづくめで、余
裕がなく、周囲に頼れる人もいない状況に置かれており、Bさん本人は
「お母さんを助けてほしい」と訴えていた。「親がしんどいためにそれを
心配してこどもがケアを担う」ということ、ヤングケアラー本人は自分
よりも「親が一番しんどい」という思いを抱いていることがよくわかる
事例である。ここでも母親への支援を始めることを試みている。すぐに
は実現しなかったが、時間をかけて母親へのアプローチを続けている。

　第2に、ケアを要する家族の視点でアセスメントを行う際、ケアを要
する家族や家庭のどのようなニーズが満たされていない、支援が足りな
いために、こどもに負荷がかかっているかを、確認しながら進める必要
がある。常にヤングケアラーの負荷との関係のなかでアセスメントを進
めることがポイントとなる。

②基本的な医療、福祉につながりにくいヤングケアラー

　日本の医療、福祉の制度、サービスは、基本的に、利用者／患者が医
療機関、福祉の窓口に出向かなければ、さらに書類を整え、申請を行わ
なければ、利用もしくは受診することができない仕組みになっている。
ヤングケアラーのケースを見ると、医療、福祉の制度、サービスにつな
がっておらず、こどもがケアを担っていることが少なくない。本来、医
療、福祉のサービス、制度の利用を検討し、手続きを行うはずの大人
（家族）が、障がいや疾病を有していれば利用／受診につながりにくい
ことは当然である。また、親が仕事とケアで手一杯なり、医療、福祉の
制度、サービスを利用を進める余裕がない状態にあることも珍しくな
い。そのような状況にあるからこそこどもがケアを担うようになるわけ

であり、ヤングケアラーがいるということは、家庭内で医療、福祉の制度、サービスを利用できない何かが起こっていることを示唆しているともいえる。ヤングケアラーのケースで医療、福祉のサービス、制度がつながらない、十分に利用できない状況にあることは、偶然ではなく、必然と言っても過言ではない。

　上記の事例Aさん、Bさんともに、医療や福祉サービスを十分に利用できるよう、検討し、手続きできる者は家庭内にはいなった。筆者がこれまで出会ってきたヤングケアラー、若者ケアラーでも同様の状況がよく聞かれる。例えば、母親とこども（自分だけの場合もあれば、きょうだいがいる場合もある）だけの暮らしで、母親が精神疾患を患った場合、スムーズに医療や福祉を利用できるとは限らない。母親に病識がない、毎日の生活で忙しく、受診、相談等をする余裕がない、また親自身が孤立しており、サポートしてくれる人、頼れる人（親族も含めて）が周囲にいないということは多い。また、ヤングケアラーであるこどもが親に受診、通院を促しても、なかなか聞いてもらえなかったという話もよく聞く。こどもという立場の弱さも背景にはある。

　祖父母のケアでも同様の例は多い。父子の家庭で同居する祖母のケアを中高生のきょうだいでしている、ふたり親の家庭で同じく祖母のケアを小学生のこどもがしているという例では、どちらも親は仕事が忙しく、経済的に余裕もなく、休むこともやめることもできない状況であった。そのため、介護サービスを探し、検討し、手続きをすることができず、とりあえず目の前のことを家族内でどうにか回していく自転車操業の状態にあり、ケアから抜け出すことは到底無理であった例も多い。

　さらに、「家族でするのが当然」、「家族でしなければならない」という一般社会の意識がそこに絡むこともある。筆者が知る元ヤングケアラーでは、親戚に「家族のために学校を休んではいけない」、「（ケアが

大変でも）それがあなたの家族なのだから、我慢しないといけない」といわれた、医療や福祉の専門職に「家族なのだからあなたが頑張らないと」と言われ、「自分が頑張らないといけない」、「それ以外に道はない」と思い込んでいたという例が複数ある。

　様々な要素が絡み合いながら、医療、福祉の制度、サービスにつながらない家庭は決して珍しくなく、日本社会には多く存在しているであろう。それを踏まえると医療、福祉制度の仕組み上の問題によって、ヤングケアラーが生み出されているとも言え、この点の解決は今後検討を要する。しかし、逆の視点で見ると、ヤングケアラーに気づくことで、適切な医療や福祉につながっていなかったケースを見つけ、支援を始めることが可能となるとも言える。ヤングケアラー支援の有効性はこのような点にもある。

（2）ヤングケアラーの視点

①ヤングケアラーの視点でのアセスメント

　当然ながら、ヤングケアラー支援では、ヤングケアラーの視点をアセスメントに入ることが不可欠である。ケアを要する家族のニーズの充足、生活の安定と、ヤングケアラーのニーズの充足、生活の安定とは別物であることを意識する必要がある。

　特に、ヤングケアラーのニーズを把握するためには、ケアに関することだけでなく、学校生活、健康面、友人関係等の人間関係の面等、ケアから派生する問題にも注目する必要がある。さらに、生じている困難のみならず、「本当は何をしたいか」といった要望、希望の把握も必要である。このようなヤングケアラーのニーズ把握は多様な視点が必要となる。各現場において、アセスメントシートを用意すると有効であろう。

　上記のようなヤングケアラー自身のアセスメントを行い、あくまでもヤングケアラーのニーズを中心に据え、ヤングケアラー自身への支援を検討する。他の家族に提供されるサービス等もまた、ヤングケアラーの抱える問題解決、負荷の解消に向かうよう検討する。家族への支援はヤングケアラー支援の一部を担うことになる。

　第 2 節の SSW の事例を振り返ってみたい。case 3 の事例では、A さんの生活が安定することを念頭におきながら、父親への支援を充実させることで、A さんのケアの負担軽減を図り、また父親への支援として入っている訪問看護、移動支援も A さんの負担を軽減することを意識するようにしていた。また、A さん自身への支援として、学校は困り感の確認、児童ケースワーカーが療育手帳の手続き、SSW は進路のサポート、居場所づくりを考える等を、綿密な連携をとりながら、取り組んでいた。

　case 4 の B さんの事例では「妹を大切に思っている」という本人の思いを基底におきながら、食事面の支援（お弁当づくり、こども食堂）を行っていた。さらに、注目すべきことは B さんの「味方」を増やし、多くの支援者に囲まれていることを実感できるよう努め、支援者の会議に B さん本人が参加するようにした点である。些細な違いに思えるかもしれないが、このように、自分のことを気にかけてくれている人、話を丁寧に聞いてくれる人がいる、という経験は本人たちの心に深く残る。そのような経験が安心感につながったということは、元ヤングケアラー、若者ケアラーからよく聞くエピソードである。ヤングケアラーの「味方」をつくるということはヤングケアラー支援で重要なポイントとなる。

　また、case 1 の神戸市の事例（81頁）でも、ヤングケアラーをターゲットにした支援が展開されている。本人が希望する学校行事への参加

に向けて、まずは登校できるようにすることに支援の焦点が当てられた。それに向けた取組みを学校や関係機関が連携して進めた。親の支援に入っている障害者福祉の専門職も、登校できるようにするため、こどもの生活リズムが整うよう親に働きかけている。やはりヤングケアラーの抱える悩み、困りごと、要望、希望を把握し、それに向けた支援、役割分担をチームで検討し、取り組んでいる。

　これらを概観してもわかるように、ヤングケアラー自身への支援においては、既存の医療、福祉の制度、サービスはこれまでの業務に、少し追加の支援を行うことになる。神戸市の事例では、障害者福祉の専門職は、障害を有する家族だけでなく、こどもの様子を確認し、声をかけ、見守る。またこどものニーズを満たすことができるよう、親にも働きかけをしている。A さんの事例でも父親の支援に入っている訪問看護等が A さんにも注意を払い、気に掛けるようにしている。

②ヤングケアラーのみを支援することの必要性

　ヤングケアラーの支援に重点を置いた場合、家族が支援を拒否した場合は「こどもだけでも助ける」という選択も重要である。特にヤングケアラーのケースでは、外部のサービス、制度に対して好意的ではない家庭も少なくない。その際は「だから支援できない」ということではなく、学校や地域において、こどもがケアから離れられる時間や空間を用意する、味方が家庭外にもいるようにする等、こどもだけを支援するという判断が必要である。SSW の case 4、B さんの事例はそれに該当するであろう。母親への支援は難しいため、家庭環境を改善することはすぐにはできないものの、学校、関係機関が B さんの置かれている状況を理解し、登校を助け、食事面の支援を行い、味方を増やし、こども食堂や放課後デイ等、ケアから少し離れられる居場所づくりを行っている。

　筆者が出会ってきた元ヤングケアラーも、少しでもケアから離れられる、等身大の自分でいられる時間があり、それによって乗り越えられたという話はよく聞く。担任の先生や保健室の先生は理解をしてくれて、先生の前ではゆっくり話ができた、泣くことができた、自分の好きな音楽を聴く、小説を読む時間があり、その時間だけが救いだった等である。何か些細なこと、ちょっとした時間でもいいので、ホッとできる時間、空間を用意することは重要な支援である。

③表面的な安定の陰にあるこどもの負担

　これまで、負荷が大きく支援が必要なケースとして挙がってきた際の注意事項を示してきたが、ヤングケアラーの家庭は、家庭内で適宜役割分担をして、とりあえず生活できているように見えることも少なくない。その場合、気になるこども、家庭として、学校や福祉等の会議にあがってこないこともある。本書で紹介されているケースは不登校などの問題が顕在化していることもあり、会議にあがり、学校や福祉の専門職間で一定のコンセンサスを得て、ヤングケアラー支援に重点を置いた支援が展開されている。しかし、明らかな問題が表面化していないケースでは、こどもの負担に気づくことは容易ではなく、こどもを中心においた支援を多機関、多職種で行うことが難しい場合もある。ヤングケアラー自身は負担を感じておらず、誇りをもって家族のケアをしており、家族も安定しているから特に問題ない、という判断をされてしまうこともあるであろう。

　実際にこのようなケースがあった。ヤングケアラーCさんは、母親が精神疾患を有し、家事と年下のきょうだいの世話、母親の感情的サポートをしていた。Cさんの負担が大きいことから、祖母が同居するようになったため、家事は祖母に担ってもらえたが、母親の感情的サポー

トと祖母の不安や愚痴を聞く感情的サポートが加わったため、自分の時間はとれず、心身ともに負荷の大きい日々を過ごしていた。

　そのような毎日でもＣさんは、「家庭のことのために学校を休むことはしてはならない」という信念で、学校を休むことはなかった。宿題も家ですることは難しかったため、全て休み時間中に片づけた。教員からすると、まじめな生徒としか映らないであろう。Ｃさんも「先生は気づいていなかったと思う」と話していた。ただ、その後、母親の状態が落ちつき、ケアがひと段落ついた途端にＣさんは調子を崩し、高校を中退するまでに至った。何年もたった今でも不安定な健康状態は続いている。

　このケースでも実は一度、専門職（精神保健福祉士と思われる）が家庭を訪ねてきて、Ｃさんの話を聞いてくれたことがあるそうである。しかし、特に問題ないと判断したのか、それ以降、何のアプローチもなかったという。母親は精神疾患を有し、身の回りのことや家事、育児をすることは難しかったものの、祖母がそれを代替し、こどもたちも自分のことはきちんとできている。こどもや祖母が母親を支えて、その家庭は問題なく回っているように見えたのではないかと推測される。表面的な安定とは裏腹に、Ｃさんの心と体は限界を超えていたが、Ｃさんの負担を多角的に確認しようとする専門職はその時はいなかった。

　たとえ家族としては安定していても、こどもが問題や悩みを抱えていないようにみえても、念のためヤングケアラーの状態を確認し、アセスメントを行うことが重要である。特にこども自身は自分の状態に気づいていないことが多い。家族のために生きてきたため、自分のしたいことがわからない、ということもよく聞く。それを踏まえると単純に話しただけでは、ヤングケアラーの困難、負担を捉えることは決してできない。

　それを踏まえると、先にも紹介したアセスメントシートを使用することはひとつの選択肢であろう。ヤングケアラーのアセスメントシートはオーソライズされたものがあるわけではないが、厚生労働省がマニュアル化したものもある（有限責任監査法人トーマツ2023)[14]。今後も改良が必要であるが、各自治体、現場において使いやすいようにアレンジしながら、使用することを勧めたい。

（3）大人のケアラーの視点

　最後に、大人のケアラーの視点も忘れてはならない。多くの場合、ヤングケアラーとともに、大人のケアラーがその家庭にはいる。

　例えば、神戸市の事例では、障がいを有する夫とこども（ヤングケアラー）を抱える母親もケアラーであり、不安を抱え、支援が必要な状態であった。この母親への支援を始めたことが、ヤングケアラーの生活の安定につながっていった。また、SSW の事例では、B さんの母親は離婚を乗り越えながら、ひとりで仕事と育児を担ってきた「大人のケアラー」である。B さんは、「お母さんを助けてほしい」と言っていたように、母親の苦労を間近で感じてきたと考えられる。現段階では、直接的な支援を行っているわけではないが、母親を支えようとしてくれている大人がいることがわかり、B さんの安心感につながっていると考えられる。

　本書で紹介されている事例以外にも、仕事をしながら祖母をケアしている母親がいる、障がいを有するきょうだいの世話を親がしており、あまりにも負担が大きく、心配だったのでケアを始めた等、大人のケアラーである親を心配してこどもがケアをしているケースは数多い。先に

14　有限責任監査法人トーマツ（2023）「令和 4 年度子ども・子育て支援推進調査研究事業　ヤングケアラーの支援に係るアセスメントシートの在り方に関する調査研究報告書」p52、file:///C:/Users/yoshi/Downloads/jp-hc-yc-assessment-6.pdf、2023.8.9

挙げた C さんの事例で、祖母も、実は家事、育児を担い、日中はひとりで精神疾患の娘を支える「大人のケアラー」であった。負担の大きい日々を送るなか、頼れるのは C さんだけであったと考えられる。一度、訪問があった精神保健福祉士も、通院していた精神科の医師、看護師においても、祖母の負担、孤独、孤立に気づくことはなく、結果として C さんは、母親に加え、祖母の感情的サポートも担い続けた。もしも、祖母を支えてくれる人がいたならば、C さんのケア負担はもう少し軽減されていた可能性がある。

　このように、ヤングケアラーの家庭には大人のケアラーがおり、それた十分にサポートされていない状態にあるため、こどもがケアを担うようになる、負担が大きくなることも多い。ヤングケアラーだけでなく、大人のケアラーにも目を向け、抱える悩み、不安を聞き、サポートしていくことが重要である。それだけで家庭が安定することもあれば、大人のケアラーにも支えてくれる人がいることがわかり、こどもが安心して家を空けられる、自分のことができるようになることもある。

　ケアを要する家族が大人のケアラーでもあるというケースもある。case 3 の SSW の事例では、A さんの父親はケアを要する状態であり、ケアされる立場であったが、同時に A さんという（障がいを有する）こどもを抱えるケアラーでもあった。また、筆者が出会ってきたケースでいうと、難病や障がいを抱え、ケアをしてもらっている親が、ケアをしてくれるこどものことを案じていることは少なくなく、ケアを要する者としての悩みだけでなく、ケアラーとしての悩みも混在していることが多い。

　ケアを要する者であり、なおかつケアラーでもあるという両方の側面に着目し、支援を考えることは重要である。それによって、ケアを要する家族の精神的な安定を図ることができるとともに、親子関係の構築を

助け、ヤングケアラーからよく聞く「親子関係の逆転」現象も緩和できるかもしれない。また、ケアを要する家族のケアラーとしての声に耳を傾けることは、ヤングケアラーのニーズを把握することにつながるであろう。

　大人のケアラーの問題とヤングケアラーの問題はつながっている。大人のケアラーの支援が行われていれば、こどもがケアを担わずに済んだと考えられるケースもある。大人のケアラーの支援も進めることが重要である。

（4）その他

　上記以外にも留意することとして以下のようなことが挙げられよう。

　まずは、こども自身がケアを要する場合もあることである。障がいを有する家族を他の家族と比べて程度の軽い障がいを有するこどもがケアをするというケースは少なくない。その場合はヤングケアラーの支援だけではなく、そのこども自身の障がいの認定や適した医療、福祉につなぐことも当然ながら必要となる。場合によってはヤングケアラーのケースではなく、障がい児・障がい者福祉のケースとして担当部署、機関等につなぐ方が適していることもある。

　また、児童虐待が疑われる場合もある。児童虐待とヤングケアラーはイコールではないが、重複している例もある。そのようなケースは速やかに児童虐待を扱う機関との連携や協働での支援を行う必要がある。家族のケアをしていれば、全てのケースをヤングケアラーのケースとして支援することが望ましいとは限らない。ケースによって、他の福祉、部署で対応した方が適切な場合もある。

　最後にケアをしていないこどもの存在がある。こどもが複数人いる場合、特に目立ったケアをしていないこどもがいる場合もある。ケアをし

ていないからと言って、何の問題、悩みを抱えていないとは限らない。筆者が過去に聞いた話では、家族関係がこじれる、病気や障がいのために暴言や暴力がみられるという状況で、自分はケアをしていなかったが、精神的に不安定になった、学校に行けなくなった等の話も複数聞く。自分はケアをしていなくとも、家族のことを心配し、不安に思っていることもある。ケアをしていない他のこどもに話を聞く、アプローチすることも、状況に応じて検討すると良いであろう。

4 ｜ 3つの支援

ケアを要する家族の視点、ヤングケアラーの視点、大人のケアラーの視点でアセスメントを行い、ヤングケアラー支援を中心に据えて、いかなる支援を行うか、活用する制度、サービス等を検討するが、そこでは以下の2点が重要になる。

（1）ヤングケアラーの家庭環境の改善

ケアを要する家族の支援、大人のケアラーへの支援を検討することは上述した通りである。そのために、事例でも行われていたように、まずは既存のサービス、制度の利用を検討する。その過程で、各機関が作成しているケアプランやサービス利用計画等の見直しが必要となることもあるであろう。また、ケアサービス、医療サービスだけでなく、経済的な支援が有効なケースや、公的なサービスではカバーできないがボランティアや企業等が提供するサービスでカバーできる場合もある。視野を広く持って、多様なサービス、支援を活用することを検討する必要がある。

特に、最近では神戸市や大阪市のような家事や育児のための訪問サー

ビスや、兵庫県が行っているお弁当の宅配等のように、新規のヤングケアラーのいる家庭へのサービスも生まれている。本書で紹介されている事例では、このようなサービスはまだ利用されていなかったが、例えば神戸市では、お弁当の宅配サービスの利用からこども・若者ケアラー相談窓口につながったケースが複数ある。

　既存または新規のサービス利用を検討する際、重要な点として、第1に、「家族を資源にしない」という点がある。ヤングケアラーも大人のケアラーも含めて、「この程度のケアなら家族がしても良いだろう」、「これぐらいは当然だろう」という固定観念で、家族の支援ありきの議論を行わないように注意しなければならない。

　第2に、ケアを要する家族や大人のケアラーへのニーズが充足され、彼らが支援者を得られることは当然として、それによりヤングケアラーの置かれている家庭環境が改善されるか、ケアの負担が軽減され、安心できる環境になっているかを、常に意識する必要がある。case 3のAさんの事例は父親への支援を入れているが、それはAさんのケア負担を軽減する目的でもあった。case 1の神戸市の事例でも、父親への支援に加え、母親が抱える不安についても支援を始めたが、これはヤングケアラーの生活を整える上でプラスに働いている。家族への支援はヤングケアラーの家庭環境の改善を目指して行われる必要がある。もしも、この点での改善が見られなければ、もう一度、できることはないか、ケアプラン、サービス利用計画等を見直す必要がある。

　第3に、case 4のBさんの事例にあるように、支援を入れることで親子関係、家族関係が大きく揺らぐことがある。特に家族の反発が強い場合、その矛先がヤングケアラーに及ぶことは少なくなく、ヤングケアラー支援のための行動がヤングケアラーを追い詰める場合もある。その点には十分に留意し、先述したように、家庭へのアプローチがすぐに難

しい場合は「こどもだけでも救う」という判断をし、ヤングケアラー自身への支援にまずは重点を置くことが望ましいであろう。

（2）ヤングケアラー自身への支援

　家庭へのアプローチのほかに、ヤングケアラー自身を対象とした直接的な支援を考える。その際、①ケアから離れられる時間、空間を確保し、自分のために過ごす、多様な（ポジティブな）経験ができるようにすること、②日常的に頼れる、安心できる大人を確保すること、③ヤングケアラーの悩み、困りごと、希望、要望に対応することが重要である。

　case 3、case 4 の 2 つの事例では、放課後デイやこども食堂等の利用で、ケアから離れられる時間、空間を確保し、学校の教員、SSW、福祉の支援者等の味方、すなわち日常的に頼れる、安心できる大人を増やすことを重視して取り組んでいる。case 1 の事例では、学校がヤングケアラーである生徒の家庭の事情を理解し、それを踏まえたうえで、学校に受け入れ体制を作り、学校が本人の理解者となるようにした。また、本人の「学校行事に参加したい」という思いに応えるため、各機関が行う支援を検討し、不登校の状態にあったヤングケアラーは、最終的には学校行事への参加を実現した。

①既存のこどもの支援の活用

　このようなヤングケアラー自身への支援には、まずはニーズに合わせて様々な支援の活用を検討すると良い。勉強面の支援が必要であれば学習支援、食事面の支援であればこども食堂、孤立、孤独の解消であれば居場所カフェ等が考えられる。これらは個々のニーズの充足だけでなく、ケアから離れられる時間、空間の確保、日常的に頼れる、安心でき

る大人の確保にもつながる。ただし、このような支援活動も多種多様である。ヤングケアラーについて理解があり、チームとして取り組める団体を調べておく、またはそのような団体を地域に増やしていくことが必要である。

②ヤングケアラーのための支援の活用

　近年、誕生しているヤングケアラーのためのサービス、支援も有効活用したい。兵庫県では食事面の支援として配食サービスが、孤立・孤独の解消、頼れる大人の確保という面では、神戸市のふぅのひろばがあることを本書では紹介した。

　第2節で紹介したNPO法人ふうせんの会（121頁）は、ヤングケアラーに特化し、同じような立場にある（あった）元または現役のヤングケアラー・若者ケアラー、いわゆるピアと専門職が、総合的なヤングケアラー支援を行っている。大阪市の寄り添い型相談支援事業として、ピアによるLINE等での相談支援（悩みを聞く、相談にのる等）を行い、医療、福祉、学校等に提出する書類の作成、進学先の学校の見学や役所での手続きが必要な場合の支援も行っている。居場所や勉強スペースとして使える場所もある。さらに、2023年度からはレスパイト事業として、楽しいイベント（ゲームをする、お菓子を食べる等）も始めた。ヤングケアラーの有するニーズに細やかに対応すること、ケアから離れられる時間、空間を提供し、ポジティブで多様な経験ができるようにすること、日常的に頼れる安心できる存在として寄り添うことに努めている。

　また、ふうせんの会の場合、もともとボランティア団体として活動をしており、そのため、行政区、年齢に縛られず、元または現役のヤングケアラー、若者ケアラーが広く参加できるつどいやオンラインのふうせ

んカフェも行っている。これにより18歳以上となったケースや他地域在住、もしくは引っ越す予定であるケースでも継続して関わることが可能となる。SSW の事例の解説で、学校が変わる等の転換期に次の支援を用意することの必要性が指摘されていた。その点をカバーできるのも民間団体の支援ならではと言えよう。

　様々なこどもの支援活動がヤングケアラーにとって有効であるが、ヤングケアラーに特化した支援は特に不可欠である。ヤングケアラーは、周囲に理解されない、同じようにケアをしている同年代のこどもがいない、ということで孤立、孤独状態にあることが多い。しかし、ヤングケアラー支援に特化した団体、活動であれば、ヤングケアラーに理解があるということはもちろんのこと、ヤングケアラーであることが当たり前という環境がそこに用意される。ヤングケアラーは友人に自分のことを話して、傷ついたことがある場合も多い。いじめ経験を有することもある。信頼できる大人がおり、ヤングケアラーのみが集まる場は、より安心できる場となる。現在、このようなヤングケアラーの団体も増えてきていると聞く。各地域の情報を収集しておくと良いであろう。

　本書で紹介した、関西エリアでは、その他、兵庫県としても県が民間団体に助成金を出し、ヤングケアラーの居場所活動等を行っている。大阪府では5団体が「地域におけるヤングケアラー支援のモデル事業」として助成金を受けて活動している。団体によっても特徴が異なり、ピアサポート、レスパイト、学習支援等、重点を置いている事業が異なるため、こどものニーズや好みに合わせて利用すると良い。

　ただし、このような場に行くことをためらうヤングケアラーも少なくない。NPO 法人ふうせんの会では、以前よりボランティア活動として元または現役のヤングケアラー、若者ケアラーが交流する「つどい」を行ってきた。筆者も知り合った元ヤングケアラーを誘ってみたが、一度

図表28　地域におけるヤングケアラー支援のモデル事業

令和４年度　大阪府福祉基金　地域福祉推進助成［施策推進公募型事業］
地域におけるヤングケアラー支援のモデル事業

（１）事業実施期間：令和４年７月１日～令和５年３月３１日
　　　（公募期間：令和４年４月２０日～令和４年５月２０日）
（２）助成団体数：５（申請団体数：５）
（３）助成総額：20,898,000円（事業総額：21,129,400円）
　　　（１団体あたりの助成限度額：5,000千円）
（４）基本の要件：ヤングケアラーについて、①又は②に加え③を行うもの。
　　　①社会的認知度向上の取組み（フォーラム等）
　　　②ピアサポートなどの具体的な支援の実施
　　　③事業成果報告書の提出

（５）各団体の申請事業の概要
・これまでの活動を活かし・発展させた事業
・これまでヤングケアラーと思われる子どもたちも含めた食事や学習支援等を行ってきた団体が、今回の助成事業を機に、ヤングケアラーへの継続した支援を行うため、その支援スキルを活用し、ヤングケアラーにかかる相談、体験教室、居場所づくり等を行うとともに、行政等との連携
→当事者（現・元ヤングケアラー）によるピアサポート事業
・当事者同士が安心して経験を語り合う「つどいの場」等の開催に加え、ピアサポートの充実や当事者支援で培ったスキルの周知等を実施。

社会福祉法人　八尾隣保館	学習支援　ぴぼーと	4,955,000円

●事業計画
・学習支援を通じた居場所等の提供と相談の場（週２回）
・ヤングケアラー支援に係るポスターの作成、関係機関等への配付。
＜団体のこれまでの取組等＞
母子生活支援施設等を運営。退所者へのフォローアップ、又は、行政や地域の小中学校等との連携体制の中で、支援の必要な子どもの発見や発見後の連携を推進。
https://www.yaorinpokan.or.jp/

| 一般社団法人　「夢をあきらめない！」 | | 2,788,000円 |
| これもり | ～ヤングケアラーと社会をつなぐ架け橋事業～ | |

●事業計画
・子ども食堂（月２回）、体験学習（月１回）、放課後の居場所（月４回）
・親・子相談（月２回）
＜団体のこれまでの取組等＞
大阪市子ども食堂ネット事業の受託。居宅介護支援、児童発達支援、放課後等デイサービス等の運営。自主事業で、子ども食堂や不登校の子どもの支援にも取り組む。
https://www.kmrb.jp/

| NPO法人　やんちゃ | 「ほっといたらアカン！子どもが子どもらし | 3,245,000円 |
| ネオファミリー-with | 〈生きる〉を支える | |

●事業計画
・地域住民への啓発フォーラムの開催（年１回）
・相談窓口の設置（月１回）、支援コーディネート、支援員による個別支援（随時）
・啓発フォーラム開催及びヤングケアラーの検討のためのサービス開発ができるよう、関係者による会議を立ち上げ、講習会や支援策の検討を実施（月１回）
＜団体のこれまでの取組等＞
松原市地域子育て支援事業の受託、子ども食堂、おやこ食堂など子どもの居場所に関する事業や子育て・教育に関する事業を実施。行政や市社協会等と連携
https://yanchama.net/

| 特定非営利活動法人　み・らいず2 | ヤングケアラーの子どもたちが「自分」を優 | 4,910,000円 |
| | 先し社会参加できるプロジェクト | |

●事業計画
・啓発セミナーの開催（年２回）
・調理や食事を通じた体験学習、相談の機会の提供（自分時間プロジェクト　月５回）
・多様な職種（カウンセラー、ネイリスト、看護師等）からの話を聞き、将来を考える機会を提供（あきらめてチャレンジしていいプロジェクト　月１回）
＜団体のこれまでの取組等＞
堺市ユースサポートセンターの受託。計画相談支援、居宅介護、放課後等デイサービス、就労移行支援事業を実施。日本財団の助成により子ども第三の居場所等を運営。
https://me-rise.com/

特定非営利活動法人　ふうせんの会	ピアサポートの力によるヤングケアラー支援のモデル構築事業　～大阪府枚方市を中心としたヤングケアラーの居場所の創出と啓発～	5,000,000円

●事業計画：つどい（年３回）、オンラインサロン（毎回テーマを設け多世代の当事者の語りの場）（年４回）、ピアサポーター研修の実施（２回）、ピアサポート向上につながる小冊子発行
・啓発チラシの作成、シンポジウムの開催（年１回）
＜団体のこれまでの取組等＞ヤングケアラーの当事者の会として、ヤングケアラーのピアサポートや啓発活動、関係団体との交流・連携などを実施。
https://peraichi.com/landing_pages/view/balloonyc/

（出典）大阪府ホームページ「地域におけるヤングケアラー支援のモデル事業（大阪府福祉基金）」
https://www.pref.osaka.lg.jp/attach/43658/00000000/0629_YC_kikin.pdf　2022年6月27日交付決定通知より

声をかけただけですぐに参加することは少ない。経験上、何度か声をかけているうちにその気になることが多い。また、（元）ヤングケアラーたちにとっても、あまり強引に来られるよりは、程よい距離を保って声をかけてくれた方が良いということもよく聞く。すぐに何かをしようとする必要はなく、気にかけてくれている人がいる、何かあったら力になってくれる人がいると感じられることが重要だという。本人の意思を尊重しながら、程よい距離で時々声をかけるようにすると良いであろう。

③学校での支援

　ヤングケアラーの支援では学校が理解者としての役割を果たすことが鍵となる。もちろん、これまで述べてきたような、福祉領域での支援も

有効であるが、こどもたちにとってより身近で頼れる大人がいる場所は学校である。その学校がヤングケアラーとして生徒を理解し、福祉の機関と協働して支援を行うことは、ヤングケアラー支援において欠かせない。

　SSW の case 3 でも、A さんのケースでは学校が個別支援を行い、神戸市の case 1 でも学校がヤングケアラーの理解者になるべく受け入れ体制を整えた。SSW の case 4 の B さんの事例でも学校とヤングケアラーとの関係が崩れた際、支援が行えなくなっており、学校がヤングケアラーにとって安心できる場であることの重要性を再確認できる。また、神戸市のこども・若者ケアラー相談窓口やふうせんの会でも、学校からヤングケアラーがつながることが多く見られた。学校がヤングケアラーの理解者であることにより、支援の道も開かれると言える。

　学校でできる支援というと、学校は教育機関であり、福祉のような支援機関ではないため、少し身構えてしまうところがあるかもしれないが、大それたことをする必要はなく、学校内でできること、学校だからこそできることを検討していただきたい。まずは、ヤングケアラーについて学校内で、もしくは外部との連携で気づいた際、そのこどもと家族の事情を理解すること、それによってこどもも学校生活に影響が出てしまうことを理解し、学校全体で受容的な雰囲気をつくることが大切である。遅刻、欠席が多い、課題が出せない、授業中寝てしまう等があっても、機械的に叱らないこと、むしろそういうときは家庭内がしんどくなってきている証拠でもあるため、声をかけて気遣う、理由を丁寧に聞く、保健室で休めるようにする、できる配慮を考える等の対応が大事である。また、進路や将来設計の相談にのる、家では勉強できないため学校で残って宿題をできるようにする等も学校だからこそできる支援である。筆者の知る中でも、学校が理解してくれて、先生が頑張りをねぎら

うような声をかけてくれたこと、担任の先生や保健室の先生がじっくり話を聞いてくれたことが唯一の救いだったと話す元ヤングケアラーは多い。

さらなる支援や、家庭状況の詳細な把握、家庭への支援は福祉の仕事である。これらが必要な場合は、スクールカウンセラー（以下、「SC」という）やSSW、ヤングケアラーの相談窓口や民間のヤングケアラー支援につないでいただきたい。

また、学校の理解を得るということについては、福祉の側の努力が重要となる。SSW、神戸市の事例ではSSWやこども・若者ケアラー相談窓口の相談員等が学校に家庭状況の詳細を説明し、学校の理解、協力を得ている。学校からは家庭の内部事情に踏み込みにくいこともあり、福祉と学校の十分なコミュニケーションが必要となる。

（3）寄り添う支援

ヤングケアラーへの支援は上記のほかにも様々に行われるが、特に留意してほしい点は第1節でも述べたように「寄り添う存在をつくる」いわば「味方をつくる」ことである。一つひとつのニーズの充足をしていると忘れがちであるが、様々な支援を入れ、家庭の状態が安定してきたとしても、ケアを要する家族がいるという状況が続く以上、何らかの不安やもやもやを日常的に抱えることがある。また、こどもが担うケアは簡単にはなくならないであろう。日常的に様子を見守り、何かあった時にヤングケアラーが相談できる、頼れる存在が必要である。

SSWのcase 3、case 4、神戸市のcase 1では、学校やSSW等がその役割を果たしている。大阪市のNPO法人ふうせんの会も、（「寄り添い型」という事業名通り）日常的な細かな支援を行い、ヤングケアラーに寄り添う存在を目指している。

　ヤングケアラーとその家族への支援を検討した後、ヤングケアラーに寄り添ってくれる味方が日常的にいるか、という点で見直すことが重要となる。また case 3 でも指摘されていたように、進学等で学校が変わる、引っ越しで行政区が変わる等の変化が生じるときに、その後も継続して寄り添える人を、あらかじめ確保し、関係性を作っておくことも重要な点である。そういう場合に、先述した NPO 法人ふうせんの会のような、民間団体の活動は有効となる。

5 ｜ 多機関、多職種連携の必要性

　連携の必要性はヤングケアラー支援に限ったことではないが、特にヤングケアラーの支援において、アセスメント、支援内容の検討、進捗状況の把握等、全てのプロセスにおいて多機関、多職種連携が重要となる。本書で紹介したいずれの事例においても、家庭の状況を把握し、ニーズを整理する際には各機関、専門職が有している情報が必要であった。支援はこどもと家族の支援を考えるため関わる機関、職種は多種多様であり、共通目標を立てる必要、支援開始後の様子もそれぞれの立場で把握した情報の共有が必要であった。

（1）家庭の状況、問題、ニーズの把握

　ヤングケアラーは、家族内の様々な事情や思いが絡み合って、ケアを担っている。それを解きほぐしていくためには、ケアを要する家族、ヤングケアラー、大人のケアラー等、家族員それぞれの思いや抱える問題、ニーズを把握する必要があるため、多角的に情報を集め、整理しなければならない。

　第 2 節で紹介された SSW の事例をみると、A さんは病院、障がい計

画相談事業所、生活保護、児童ケースワーカー、学校に加え、こどもの障がい計画相談事業所、放課後等デイサービスが、Bさんは、小学校、中学校、保育所に加え、社会福祉協議会、保健課、児童ケースワーカー、こども食堂、地域課が家庭を支援している。また、神戸市の事例では、こども・若者ケアラー相談窓口、学校、SSW、障害者相談支援センター、計画相談事業所、区のこども家庭支援担当、ホームヘルパーが支援をしており、多種多様である。

　いずれの事例でも、互いに有する情報を共有することで家庭の全体像と、家族一人ひとりの状況、思いを把握し、家族に対する理解を深めている。また、それぞれの機関、職種が担ってきた（または担うことができる）役割を再確認するとともに、新たなニーズ、（誰かがしているだろうと思っていたが、実際は誰もしていなかった等）抜け落ちていた支援、必要な支援に気づくきっかけとなっている。

（2）ヤングケアラー、大人のケアラー視点での支援の検討

　ヤングケアラー、そして大人のケアラーへの支援を検討する必要があることは先に述べた通りであるが、ここにも多職種連携が必要となる理由がある。

　多くの福祉の機関、職種は、ケアを要する家族の支援を行うことが業務として位置づけられているため、ケアを要する家族の問題の解決、ニーズの充足を中心に支援を検討する。その中では、ケアを担う家族は資源として位置づけられ、サービスがない時間帯のケアを担うケアの担い手として組み込まれてしまうことがよく見られる。しかも、これはケアプランやサービス利用計画には表れてこないため、隠れたケアの担い手となり、誰の支援も受けることはないことが多い。そういう状況のなかで、大人のケアラーとともにヤングケアラーはこれまで潜在化してき

た。

　関わる多機関、多職種が一堂に会し、「ヤングケアラー」「大人のケアラー」への支援ということを意識し、検討することによって、彼らの思い、抱える問題、ニーズに気づくことができる。それを踏まえたうえで、支援の必要性について共通認識を持ち、各機関、職種の果たすべき役割を明確にすることが可能となる。

（3）支援過程のなかでの多機関・多職種連携の必要性

　ケアを要する家族、ヤングケアラー、またそれに基づいた支援を検討すると、必然的に多様な機関、職種が関わることになる。SSW の事例では、こどもチーム、大人チームとして支援チームを形成していたが、当然、その家族への支援を行うチームとして連携する必要がある。また神戸市の case 1 でも、役割分担をしたのち、複数回にわたり会議を行っていた。このような取組みによって、進捗状況や状況の変化について共有し、共通の目標に向かって支援することが可能となる。なお、神戸市の事例では、「身近な目標」を立てることの重要性が指摘されていた。それも今後多機関、多職種連携を行う際に参考になるであろう。

　また、SSW の case 4 ではその場に B さんが参加するという試みを行っていた。本人の意思の尊重という面でも評価できるとともに、SSW の狙いであった「大勢に支えられていることを実感できるようにする」という面でも重要であったといえよう。孤立、孤独状態にある、相談しても何も変わらないと思っているヤングケアラーは多い。いろいろな人に支えられていること、自分の思いを他者に伝えれば、それを叶えようと動いてくれる人がいることを知ることは、本人がこれから長い人生を生きていく上で貴重な経験、学びとなる。本人のエンパワーメントという観点からも意義があるといえよう。

（4）調整役の必要性

　このような多職種連携を進める場合、調整役の存在が不可欠である。case 3、case 4 は SSW がその役割を果たし、case 1 の神戸市ではこども・若者ケアラー相談窓口がその役割を果たしていた。だれが担っても良いし、1 か所である必要はないが、ヤングケアラー支援において調整役を担う者、機関を地域の中で確実に位置づけていくことが必要となる。

　多機関をつなぐ、多職種間での意思疎通を図るという面で必要不可欠であるが、それのみならず、学校のこと、家庭のことを理解しながら、ケアを要する家族ではなく、ヤングケアラーの立場になって代弁、調整をしてくれる人が必要となる。この存在がケアを要する家族のための支援から、ヤングケアラーのための支援へと視点の転換を促すことになる。

6 ヤングケアラー支援体制の構築におけるポイント

　ヤングケアラー支援について見てきたが、このような支援を進めるために各地域での土壌づくり、仕組みづくりが重要となることは事例からも読み取れる。第 1、2 節の神戸市、大阪市の支援体制を踏まえながら、ヤングケアラー支援体制のポイントについて整理したい。

（1）理解ある地域づくり

　ヤングケアラー支援に関わる機関、職種の理解やつながる仕組みがなければ、支援会議はスムーズに進まないであろうし、連携会議、チームへの参加について理解を得ることも難しい。実際に、地域のヤングケアラーに関わる機関、職員の理解があることによって、ヤングケアラーのケースが窓口、民間団体等につながることが神戸市、ふうせんの会の事

例からもわかる。18歳以下のこどもが自ら相談してくる例は多くはなく、ヤングケアラーの把握は、教員や専門職、地域の協力なしには行えない。また、連携を行うため、多機関、多職種へ声をかけた際にも理解は必要であり、それが進まないうちは、こども関係以外の機関、職種からは「なぜ会議に参加しなければならないのか？」という趣旨のことを言われ、連携がうまく進まなかったということも、様々な地域で聞かれる。

　話し合いの場においても理解があればスムーズに議論できるようになる。SSW の事例、神戸市の事例、ふうせんの会の取組みでも、関わる機関、職種が「ヤングケアラー支援」という視点を有しているからこそ、共通基盤で議論することが可能となり、支援に向けて動くことができている。現在でも、「お手伝いを否定することは賛成できない」という理由で、ヤングケアラー支援に後ろ向きな態度を示されることがある、とも聞く。ヤングケアラーは、お手伝いを否定しているわけではないが、正しい理解を広めることが急務である。

（2）周知・啓発の重要性

　理解ある地域づくりの重要性を踏まえると、基礎的なことではあるが、周知・啓発の重要性にたどり着く。周知・啓発については case 1 の神戸市、case 2 の大阪市に見られるように、①繰り返し行う、②基礎編に加え応用編の研修会を行う、③実態調査等によるエビデンスを示すことの重要性がわかる。

　①繰り返し行う、ということについては、ヤングケアラーの発見、支援には正しい理解を広め、「ヤングケアラー」という視点を、教育、医療、福祉、地域等あらゆる領域の人々が身につけることが必要不可欠である。しかしながら、対象が広範囲にわたることもあり、本当の意味で

この言葉を正しく浸透させることは容易ではない。本書で紹介した神戸市、大阪市は、兵庫県、大阪府における研修会も含めると、ここ数年は様々な機会を利用して、幾度となくヤングケアラーの研修会、イベントを行っている。

　②基礎編から応用編の研修会については、ヤングケアラーについて基礎的な知識を身につけたうえで、多職種連携による支援を学ぶ研修会を行っている。ここで紹介した大阪市のほか、兵庫県でも実施しており、おそらく他の自治体でもそのような例はあるであろう。ヤングケアラーについて理解した上で、実際に支援を行うにはどのようにすれば良いか、考える機会が必要であり、多職種が集まる機会があれば、これまで交流のなかった機関、職種がつながるきっかけにもなるであろう。

　また理解を進めるうえで、各地域の実態調査も重要である。第1章でも述べられていたが、「うちの地域にはあまりいない」というような発言を筆者もいまだに聞く。現実的にいるということが示されて初めてそれを信じるという人も多い。

　筆者が最初に大阪府の高校生5,000名を対象として実態調査を実施し、その約5％がケアをしているという結果を示した時、それを信じる人は一部であった。「そんなにいるはずがない」、「いい加減なことをいうな」という趣旨の批判は幾度となく受けてきた。自分が知っている、想定できる範囲外のことを示されたとき、それを即座に受け入れられる人はそう多くはない。それは筆者も同様であり、ヤングケアラーという言葉を最初に聞いた時は、恥ずかしながら「そんなばかな」と思った。人々の常識を切り崩すためには何度となく理解を求めるアプローチが必要である。

（3）相談窓口があることの意味

①多様なレベルでの相談先の明確化

　ヤングケアラーの相談窓口の設置は、これまでヤングケアラーに気づいてもつなぎ先がなく支援が難しかった、またはヤングケアラー自身が相談したいと思っても行き先がなかった、という状況があったことを踏まえると、「相談先の明確化」という点で、ヤングケアラー支援体制構築の要となる。

　神戸市は専門の相談窓口を設け、大阪市は児童福祉の部署にその機能を追加していたが、どちらが良いとはいえず、一長一短がある。専門の相談窓口とすることのメリットは、周知・啓発、ヤングケアラーの支援、連携態勢の構築に集中して取り組めるという点が挙げられる。神戸市のこども・若者ケアラー相談支援窓口の相談ケース数を見ると着実に実績を上げており、その効果が確認できる。また、専門的な窓口として独立して設置されているため、既存の対象者別の福祉制度に位置づけられていない分、特定の制度ありきではなく、様々な領域にまたがって動くことができるという利点もある。ただし、神戸市が開設当初からアウトリーチを積極的に行ってきたことからもわかるように、新設であるために、認知度を上げ、関係する機関や団体との関係性をゼロから築いていく必要性が出てくる。

　一方、児童福祉の部署にヤングケアラーの相談窓口の機能を追加することは、自治体にとってはヤングケアラー支援に取り組むためのコストを、一定程度、抑えることができるであろう。多くの自治体においてヤングケアラー支援が浸透することを目標とした場合、良い選択肢と考えられる。また、これまで培ってきた、教育関係、こどもの支援に携わる機関、サービスとのネットワークが活かされるという利点もある。ただし、既存の業務にヤングケアラー支援が追加されるためその部署の負荷

の大きさも考えられること、これまでそれほど連携してこなかった領域（介護・高齢者福祉、障害者福祉、医療機関、ヤングケアラーの支援団体等）とのネットワーク構築に向けた努力はやはり必要となると言える。

　このように、いずれの場合もなんらかのネットワーク構築と周知のための取組みは必要である。各地域の状況に応じて、より良い方法を検討すると良いであろう。

　なお、相談窓口はひとつである必要はなく、多様なレベルで相談に応じるところを設けた方が、より多様なヤングケアラーを把握することができ、またヤングケアラーにとっても身近なところで、時間的ロスなく支援を得られる可能性がある。

　方法は様々あると思われるが、神戸市は障害者相談支援センター、地域包括支援センター、区のこども家庭支援室もヤングケアラー支援の一機関として位置づけており、まずは各領域でヤングケアラーのケースへの対応を検討することになっている。大阪市では、区の窓口に加え、NPO 法人も相談を受け付けており、民間の支援団体というハードルの低い相談窓口を用意していると言える。なお、兵庫県は県の社会福祉士会に窓口機能を委託し、広い県内の全域に相談窓口を設けている。このような工夫も参考になるであろう。

　また、SSW をヤングケアラー支援を担う重要な存在として位置づけているところも少なくない。これは学校内でのヤングケアラーの相談先を明確化していると言える。ただし、SSW の仕組み、役割は地域によっても異なる。全ての地域、学校にいるわけではなく、直接支援を行わない地域もある。SSW の充実と役割については検討を続ける必要があるが、SSW の現状を踏まえると、公的な機関に窓口を設置することは必須と言えよう。地域の公的な機関に窓口があり、そこが調整役を担

うことで多機関、多職種との連携がしやすくなる面もある。

　なお、繰り返しになるが、単に窓口を設置するだけでなく、アウトリーチに取り組むことの重要性は事例から学ぶべき点であろう。神戸市のNPO法人ふうせんの会では、精力的に関係機関を訪問し、ヤングケアラーの理解と支援の必要性について周知を進め、相談窓口の説明をして回っていた。周知・啓発はまだまだ不十分であり、ヤングケアラーに気づく視点を関係機関に持ってもらう必要があることと、どこにいけばどのようなサポートを得られるかを知ってもらう努力が必要である。それをしなければヤングケアラーの相談件数はそう簡単には上がってこない。これは、決してヤングケアラーがいないから相談がないことを示しているのではなく、多くのヤングケアラーが何の支援もなく放置されていることを意味していると捉えるべきである。各自治体においては、相談窓口の設置と同時にアウトリーチを進めることを期待したい。

②ヤングケアラー支援の拠点としての役割

　相談窓口は単に窓口機能を果たすだけでなく、ヤングケアラー支援の拠点としての役割を果たしている点にも着目する必要がある。

　神戸市ではヤングケアラーに関する相談を受け付け、個別に支援するだけでなく、橋渡し役としてふぅのひろばと連携する、調整役となり多機関、多職種連携のチームを形成している。さらに、周知・啓発のためのチラシ、動画等の作成、アウトリーチ、生活保護の担当課と連携したケースの見直しに取り組んできた。これらは地域全体がヤングケアラー支援という視点を持つことに大きく貢献するものであり、ヤングケアラー支援のための土壌づくりを行ってきたと言える。

　大阪市の場合、行政の相談窓口と民間団体が行う相談窓口が用意されているが、市はNPO法人ふうせんの会と協働しながら、啓発用のチラ

167

シ、動画の作成、中高生用のヤングケアラーに関する冊子等を作成し、周知・啓発に努めている。また先述したように、NPO ふうせんの会は、大阪市の委託事業のなかで、関係機関へのアウトリーチを積極的に行い、今後、ピアとともに学校での出前講座等も行う予定である。市と民間団体が協働しながらヤングケアラー支援に関する情報の発信地となっている。

（4）具体的なヤングケアラーとその家族への支援の整備

　ヤングケアラー支援体制を整えるには、当然ながらヤングケアラーのための具体的な支援、サービスを整備する必要があり、本書で紹介したいずれの自治体においても取り組まれていた。

　種類としては、繰り返しになるが、①ヤングケアラー自身への支援サービス（相談支援、オンラインサロン、居場所、交流会、学習支援、こども食堂、レスパイト事業等）、②ヤングケアラーのいる家庭への支援（お弁当の配食サービス、家事・育児を行う訪問サービス）がある。方法としては、新規のサービスを立ち上げるだけでなく、既存の社会資源の活用が有効であることも述べた。

　特に、ヤングケアラーの支援では、民間団体の取組みが不可欠である。case 4 の NPO 法人ふうせんの会の活動を見るとわかるが、民間ならではの柔軟な対応、寄り添う支援が可能となる。民間団体への助成を行い、協働態勢を組むことが重要である。

（5）既存の社会資源の活用の重要性

　ヤングケアラー支援体制の構築において、既存の社会資源の活用は非常に重要な視点である。これまでも述べてきたように、相談窓口として、既存の機関を位置づける、すでにあるこどもの支援ネットワークに

ヤングケアラーの把握、支援を組みこむ、こどもを対象とした様々な支援にヤングケアラーも対象とする等である。これはヤングケアラー支援を進めるうえで効率的であるだけでなく、ルーティンとなっている通常業務においてヤングケアラー支援を行うようになることを意味している。

　例えば、大阪市はこサポは気になるこどものチェックを行うスクリーニングシートにヤングケアラーに関する項目を入れているが、それを参考にすると、ケアマネジャー、相談支援専門員のアセスメントシートやSSW や生活保護のケースワーカーが用いるシートにもヤングケアラーや大人のケアラーの状況に関する項目を入れる工夫も検討に値しよう。通常業務にヤングケアラー支援の視点を入れることは、多機関・多職種連携を進めることにも資するであろう。

（6）民間団体がヤングケアラー支援を担う意義

　最後に、ヤングケアラー支援における民間団体特に当事者団体（もしくは当事者が参加している団体）の有効性について触れたい。イギリスにおいても民間団体による支援が活発に行われているが、今回紹介したNPO 法人ふうせんの会の例を見ても、相談窓口としてのハードルの低さ、ピアとしての支援が可能となる点、柔軟な支援等、有効性は明らかであろう。

　民間団体にも相談窓口を設置することで、相談から各種支援（ピアによる YC ピアサポ、中高生オンラインサロン、レスパイト事業等）までスムーズにつなぐことが可能となり、相談と支援の連続性、一体化が図られる。さらに、ヤングケアラーに関する専門集団（ピア、専門職、研究職等）としての利点を相談支援、周知・啓発に生かすことが可能となっている。

　現在、ヤングケアラーの支援活動は全ての地域において行われている
わけではない。民間団体がボランティア活動として、行政区を超えた活
動を行うことは、地元に支援活動がないヤングケアラーにも対応可能で
あり、ヤングケアラー自身にとっても他地域のヤングケアラーと人間関
係を広げることにもつながり、利点は多い。

　また、ヤングケアラーの姿は多様であり、線引きが難しく、判断が難
しい場合もある。年齢では線引きができない、ヤングケアラーか否か判
断が難しいこともある。そのような場合も民間団体であれば、ボラン
ティア活動領域で受け入れ、サポートすることが可能である。

　さらに、ヤングケアラーが必要とする支援も明確ではなく、公的な
サービスや、助成金等による支援事業ではカバーしにくいものが多く含
まれる。行政が基礎的な仕組みをつくり、このようなあいまいな部分も
含めて民間団体が隙間を埋めながら支援を行っていくことが重要と言え
よう。

　ただし、このような活動も当事者の組織化と財政的裏付けがあってこ
そ可能となる。当事者の組織化はまだ進んでいない地域も多いが、全て
の地域にヤングケアラーはいる。少人数からでも良いので取り組んでほ
しい。一方で、人知れず活動を始めている当事者たちがいるかもしれな
い。まずは、地域で探し、協働してほしい。また、財政的な支援につい
ては、これがあってこそ、スタッフを安定して雇うことが可能となり、
スタッフはヤングケアラー支援に注力することができる。ヤングケア
ラー支援は、様々な家庭事情に置かれながらも、こども、若者たちが成
長し、社会の一員として生きていくことを可能とするものである。場合
によっては、児童・障がい者・高齢者等、様々な虐待、いじめ、不登
校、ひきこもり、不安定就労や貧困等の防止にもつながる。さらに、ヤ
ングケアラー支援を通して、支援が届いていなかったケアが必要な人々

や大人のケアラーへの支援が可能にもなる。その社会的意義に鑑みて、一時期の事業ではなく、国および地方自治体が継続して取り組むことを期待する。

7 今後の課題

　本書で紹介したヤングケアラー支援の取組みは、発展途上にあり、今後、実践が蓄積されるなかで、さらに改善されていくであろう。このような先駆的な取組みが見られる一方で、日本全体でのヤングケアラー支援を考えた場合、様々な課題もある。

　多機関・多職種連携について見ると、学校と児童福祉関係の連携の方が円滑に行われる傾向があり、介護、高齢者福祉、障がい者福祉、医療等との連携は、さらなる強化が必要と言える。上述したように、ヤングケアラー支援体制にこれらの機関、サービスを組み込み、通常業務にヤングケアラーの把握、支援を入れることはその一助となる可能性がある。ぜひ検討してみてほしい。

　ヤングケアラー支援の対象の問題もあり、18歳以上の若者ケアラーへの支援は十分とはいいがたい。神戸市、兵庫県は若者世代まで対象にしており、大阪市も NPO 法人ふうせんの会はボランティア活動の部分で、若者世代の支援を行うことができる。

　若者ケアラーの支援においては、神戸市、大阪市と並んで、ヤングケアラー支援に早くから取り組んできた兵庫県が注目に値しよう。先述したように兵庫県社会福祉士会に窓口を委託しているが、2022年度の相談件数は270件となり、電話、LINE による相談件数もあり、確実に実績を積んでいる。他地域と同様に、学校や行政からつながるケースが多いが、本人からのアクセスも多いという点が特長でもある。この本人から

図表29　兵庫県ヤングケアラー・若者ケアラー相談窓口相談件数一覧表

R5.6.1時点

令和4年6月～令和5年5月	R4.6	R4.7	R4.8	R4.9	R4.10	R4.11	R4.12	R5.1	R5.2	R5.3	R5.4	R5.5	合計	
延相談件数	28	18	24	12	35	28	20	18	27	48	42	27	327	件
ヤングケアラー関係相談件数	23	18	24	12	35	28	20	18	27	46	42	27	320	件
ヤングケアラー本人	16	7	13	10	15	8	4	7	11	34	36	21	182	件
ヤングケアラーの関係者（行政、学校、包括、知人等）	6	10	11	2	18	13	15	10	16	12	6	6	125	件
ヤングケアラー関係の照会・問い合わせ（研修等）	1	1	0	0	2	7	1	1	0	0	0	0	13	件
ヤングケアラー関係以外の相談・問い合わせ者数	5	0	0	0	0	0	0	0	0	2	0	0	7	件
月別実相談者数	12	9	12	4	23	26	17	15	16	21	12	8	175	人
ヤングケアラー関係相談者数	8	9	12	4	23	26	17	15	16	19	12	8	169	人
ヤングケアラー本人	2	1	5	2	6	5	4	5	7	7	6	4	54	人
ヤングケアラーの関係者（行政、学校、包括、知人等）	5	7	7	2	15	21	12	9	9	12	5	4	108	人
ヤングケアラー関係の照会・問い合わせ（研修等）	1	1	0	0	2	0	1	1	0	0	1	0	7	人
ヤングケアラー関係以外の相談・問い合わせ者数	4	0	0	0	0	0	0	0	0	2	0	0	6	人

※月別実相談者数は月別で同一人で重複がある。

相談手段内訳（延べ）

電話	LINE	メール	来所	計
170	151	4	2	327

※国体等は、社協、介護事業所（ケアマネ・ヘルパー）等となる。

	県	神戸市	計
配食支援件数（世帯）	39	39	78

相談者数内訳（実人数）

本人	行政関係	学校関係	親族等	団体、知人その他	対象外	計
35	22	24	19	19	6	125

※「対象外」以外はヤングケアラー関連の相談等
※実人数は月別実相談者数を毎月加算して計算しているため、同一人の重複がある。

相談者地域（実人数）

神戸	阪神南	阪神北	東播磨	北播磨	中播磨	西播磨	但馬	丹波	淡路	不明	計
3	16	15	21	12	25	5	5	6	4	13	125

※実人数は月別実相談者数を毎月加算して計算しているため、同一人の重複がある。

（出典）兵庫県福祉部地域福祉課資料

のアクセスがあった相談の約半数は若者ケアラーからの相談であり、若者ケアラー支援のニーズの高さがうかがえる。若者世代のケアラーへの支援にも各地域で取り組む必要がある。

　また、今はケアを担っていないが、これからケアを担いそうなこども、若者や保護者からの相談にのることも重要である。早くから家庭に支援を入れることが可能になり、学校でも大きな問題が起こる前に教員間で共通理解を広めておくことが可能になる。予防的なアプローチとして検討することも提案したい。

　さらに元ヤングケアラー、元若者ケアラーへの支援の必要性もある。ケアを担うなかで、健康を崩す、学習の機会や進学・就職の機会を逃した者は少なくない。ケアがひと段落ついたのちに、勉強の遅れを取り戻し、健康を回復させ、人間関係を新たに作り、生活を立て直す必要がある者もいる。ケアが終わった後までサポートしなければ、本当の意味でのヤングケアラー支援とは言えない。

　第3に、近年、展開され始めているヤングケアラーを銘打った事業、サービスのデメリットも考慮する必要がある。ヤングケアラー支援を受けるということはラベリングやスティグマにもつながり、当事者にとっては受け入れがたい面もある。事業、サービスの名称にヤングケアラーという言葉を用いない、ヤングケアラー用のサービスの利用手続きや相談支援の窓口も、広くこどもや家族の支援（場合によっては高齢者・障がい者の支援）に携わる機関、団体、医療機関にも窓口を開設するなど、ヤングケアラーとその家族がアクセスしやすい、受け入れやすい工夫が必要であろう。

　ヤングケアラーの支援には大人のケアラーや家族への支援が不可欠であることを指摘してきた。ヤングケアラーはひとり親に多い、母親がケアを要する状態になるとこどももケアを担うことになりやすい、経済的

に余裕がない家庭において多い等の指摘もある。このような生活基盤の脆弱さを抱える家庭への支援強化は、こどもがケアを担うことを防ぐことにもつながる。また、大人のケアラーへの支援もヤングケアラー支援として不可欠であるが、その支援メニューは決して十分とは言えない。海外にみられるような、（介護保険制度の枠とは別に）大人のケアラーが休息をとることを目的としたケアサービスの利用、大人のケアラーのための相談支援、カウンセリングサービス等、大人のケアラー支援の充実、整備も必要である。

　最後に、今まで述べてきたヤングケアラー支援を法制化することが必要である。これは、若者ケアラー、大人のケアラーへの支援の必要性を踏まえるとヤングケアラー支援に特化せず、ケアラー支援の法制度にすることが望ましいであろう。現在、こども家庭庁においてヤングケアラー支援は取り組まれようとしているが、ヤングケアラー支援の内実は大人への支援が中心となる。ケアラー支援の制度化、ケアを要する家族への支援の充実が不可欠であることを考えると、厚生労働省管轄で行えることもある。様々な省庁で総合的に取組まれることを期待したい。

（大阪公立大学大学院現代システム科学研究科准教授　濱島淑恵）

あとがき
～「市区町村におけるヤングケアラー把握・支援の効果的な運用に関する調査研究報告書」を踏まえて～

　筆者がヤングケアラーに関する実態調査を実施した2010年代半ばは、ヤングケアラーという言葉はほとんど知られていなかった。調査協力の依頼のため、数十校に説明して回ったが、いつも「ヤングケアラー」という概念の説明から始め、必ずや施策に結び付くよう尽力することを約束し、理解と協力を求めた。

　その時のことを思うと、近年のヤングケアラーを取り巻く環境は大きく変わったと言える。国がヤングケアラー支援の方向性を示し、各自治体が具体的な動きを見せている。今や教育、医療、福祉の現場においては、ヤングケアラーという言葉を知らない者の方が少ないであろう。

　第1章は、国が取り組んでいるヤングケアラー支援についての概説だが、それ以外にも厚生労働省は各種調査研究事業に取り組み、アセスメントシート、多機関連携のマニュアル等を提示しており、その功績は大きい。これら一連の調査研究のひとつとして、児童福祉部門が主導してヤングケアラー支援に取り組んでいる、複数の自治体にヒアリングを実施した「令和4年度子ども・子育て支援推進調査研究事業　市区町村におけるヤングケアラー把握・支援の効果的な運用に関する調査研究報告書」（以下、「報告書」という）がある（有限責任監査法人トーマツ2023）。本来であれば、本文の中で紹介すべきであるが、報告書公開のタイミングと合わず、それが叶わなかったため、ここで簡単に触れておきたい。

　そこでは、①要対協の枠組みを活用した運用、②国庫補助事業である各種訪問支援事業を活用した運用、③児童福祉部門にヤングケアラー相談窓口を設置した運用、④行政区ごとに「ヤングケアラー相談窓口」を

設置した運用、の4パターンの仕組み例が示されている。

児童福祉部門が主導するヤングケアラー支援の仕組み

> 仕組み例①　要対協の枠組みを活用した運用
> 仕組み例②　国庫補助事業である各種訪問支援事業を活用した運用
> 仕組み例③　児童福祉部門に「ヤングケアラー相談窓口」を設置した運用
> 仕組み例④　行政区ごとに「ヤングケアラー相談窓口」を設置した運用

　仕組み例①は、要対協の枠組みを活用してヤングケアラーの把握、支援学校、関係部門と連携しながら行われている。本書でも何度か述べたが、既存の枠組みを活用することは、迅速かつ効率的にヤングケアラー支援体制を構築する上で適した方法と言えよう。仕組み例②もまた要対協の枠組みをベースとしているが、近年のヤングケアラーがいる家庭等を対象とした訪問支援事業を活用し、ヤングケアラーの把握、支援を進めるものである。要対協とは別に、ヤングケアラーの相談窓口を設置してヤングケアラーの把握、支援に取り組むものは仕組み例③に該当する。学校へのアウトリーチ、ヤングケアラーの交流会、居場所の提供等、総合的に取り組み、当然ながら要対協との連携も行っている。仕組み例①～③は、児童福祉部門が「旗振り役」となっているとされているが、仕組み例④では、特に旗振り役は設けられていない。既存の支援ネットワーク、行政区ごとのヤングケアラー相談窓口、要対協調整機関、それぞれが連携しながらヤングケアラーの把握、支援を担う仕組みとなっている。

　このように、4パターンに類型化されているが、必ずしもきれいに分類できるものではない。例えば、大阪市は仕組み例④のように既存のネットワーク事業（こサポ）を活用し、学校と福祉の連携によるヤングケアラーの把握、支援を進め、行政区にヤングケアラー相談窓口を設けている。しかし、それだけではなく、仕組み例③のように児童福祉の部

署や委託した民間団体（NPO法人ふうせんの会）に相談窓口があり、そこでは居場所の提供やレスパイト事業等も行い、仕組み例②にあるような訪問支援事業も絡めた仕組みとなっている。現段階では、ヤングケアラー支援の仕組みについて正解があるわけではない。ヒアリング対象となった自治体も、その後、発展、変化していると考えられる。これから取り組む自治体があれば、様々な取組事例から、各自治体に合った方法を導入し、応用すると良いであろう。

　報告書は児童福祉部門が主導する仕組みに着目しているため、要対協が重要な役割を担っているものが多い。ただし、要対協をベースとした仕組みを検討する際、報告書では、要対協で取り扱うケース数の増加により、タイムリーに支援を行う上で支障が生じる可能性があることを、

仕組み例①　要対協の枠組みを活用した運用

［特長］

・児童虐待事案等を取り扱う要対協の既存の枠組みを活用した運用方法。

・教育分野で把握したヤングケアラーを、家庭児童相談の窓口や要対協調整機関につなぎ、要対協登録ケースと同じ仕組みの上で管理。

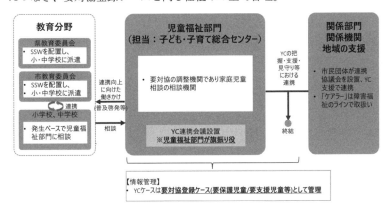

仕組み例②　国庫補助事業である各種訪問支援事業を活用した運用

［特長］

・児童虐待事案等を取り扱う要対協の既存の枠組みを活用した運用方法。

・教育分野で把握したヤングケアラーを、家庭児童相談の窓口や要対協調整機関につなぎ、要対協登録ケースと同じ仕組みの上で管理。

・国庫補助事業である各種訪問支援事業（有料のヘルパー派遣事業の対象をヤングケアラーに絞らないことで、結果としてヤングケアラーにつながる制度設計等）を有効に活用しながら、ヤングケアラーを支援。

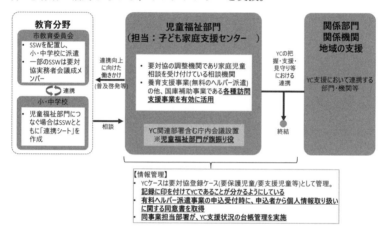

仕組み例③ 児童福祉部門に「ヤングケアラー相談窓口」を設置した運用

［特長］

・児童福祉部門に「ヤングケアラー相談支援窓口」を設置して、ヤングケアラー支援に係る相談を受け付け、支援する運用方法。

・教育分野で把握したヤングケアラーを、行政機関の窓口または「ヤングケアラー相談支援窓口」につなぎ、ヤングケアラー支援ケースとして要対協とは別の枠組みの中で管理（要対協登録ケースでありヤングケアラーの状態でもあるケースは、従前の要対協の枠組みの中でも管理）。

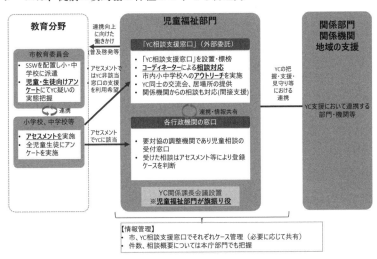

仕組み例④　行政区ごとに「ヤングケアラー相談窓口」を設置した運用

[特長]

・教育分野で把握した気になるこどもを、福祉の専門家であるSSW、SCや区役所の職員を交えて支援等について検討し、ヤングケアラーのケースかどうかをアセスメントした上で、区役所等必要な支援先につなぎ管理（要対協登録ケースでありヤングケアラーの状態でもあるケースは、従前の要対協の枠組みの中でも管理）。

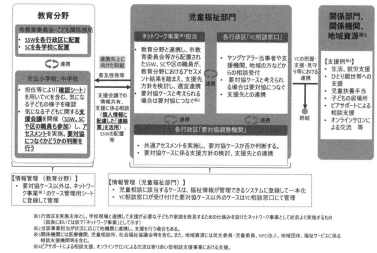

※1 行政区を実施主体とし、学校現場と連携して支援が必要な子ども家庭を発見するための仕組みを設けたネットワーク事業として従前より実施するもの（図表においては仮で「ネットワーク事業」として示す）
※2 当該事業担当が状況に応じて他機関と連携し、支援を行う場合もある。
※3 関係機関には医療機関、児童相談所、社会福祉協議会を含む。また、地域資源には民生委員・児童委員、NPO法人、地域団体、福祉サービスに係る相談支援機関等を含む。
※4 ピアサポートによる相談支援、オンラインサロンによる交流は寄り添い型相談支援事業における支援。

(出典) 有限責任監査法人トーマツ（2023）「令和4年度子ども・子育て支援推進調査研究事業市区町村におけるヤングケアラー把握・支援の効果的な運用に関する調査研究報告書」p79-82

課題として指摘している。また、児童虐待を中心に対応してきた要対協のなかで、ヤングケアラー支援を行うことの難しさも否定できない。例えば、児童虐待対応をしていたあるソーシャルワーカーは、「児童虐待とヤングケアラーとではギアの入れ方が違う」と話していた。同じ要対協ケースとして扱うことの難しさ、現場としての違和感を示唆した発言と言える。また、自分が家族のケアをしていることを先生に話したところ、要対協ケースとして挙げられそうになり、学校や先生に対する不信感につながった、誰にも話してはいけないと思うようになったという元ヤングケアラーも少なくない。要対協の枠組みを活用する場合は、上記のような課題をクリアする必要がある。

　神戸市の事例は、ヤングケアラーに関する専門相談窓口を設置しており、児童福祉部門を対象とした今回の調査研究からは外れることになる。しかし、報告書を概観すると、神戸市の取組みの特長を再確認することができる。

　例えば、報告書で紹介されている仕組みの複数要素を内包しており、専門相談窓口の他に、各区の児童福祉を担当する部署もヤングケアラーに関する相談、支援機能を有している。また兵庫県の配食支援事業や神戸市の訪問支援事業、ヤングケアラー交流会（ふぅのひろば）をヤングケアラーの把握、支援の仕組みに組み込んでいることから、仕組み例②、③の要素が見られる。また、児童福祉部門以外の機関もヤングケアラーの把握、支援を担う機関として位置づけられており、専門相談窓口は、学校だけではなく、多領域にまたがる多機関、多職種の連携を進めている。児童、高齢、障がい、生活保護等、社会福祉の既存の枠組みに縛られない専門窓口を設置した利点とも言えよう。

　いかなる仕組みを導入したとしても、周知・啓発を実施し、ヤングケアラーの把握、支援に対する意識の高い地域社会を形成すること、ヤン

グケアラー支援を担う機関、専門職、民間の支援者等による支援実践の
なかで、多機関・多職種連携をいかに進めることができたかが重要にな
ろう。報告書では、各自治体の詳細な創意工夫までは記載できていない
部分もあり、本書がその理解の一助になれば幸いである。

　最後に、ヤングケアラー支援に関わる施策、事業の今後に向けて言及
したい。繰り返しになるが、ヤングケアラー支援は始まったばかりであ
る。各地で展開されている取組を評価するには、まだしばらく時間を要
する。それを踏まえると、数年の成果に左右され易い時限付き事業では
なく、継続的な事業を可能とするよう、なんらかの法制度に位置づけら
れることを期待したい。その点、本書では触れられなかったヤングケア
ラーまたはケアラー支援の条例を制定した自治体における、今後の事業
展開は注目に値しよう。

　また、ヤングケアラー支援はこども家庭庁の管轄となったが、具体的
な支援は多領域にまたがるものであり、厚生労働省での取組も不可欠で
ある。特に本書でも指摘したが、ヤングケアラー支援には大人のケア
ラーへの支援が不可欠である。逆を返せば、大人のケアラーの問題が看
過されることにより、負荷の大きいヤングケアラーが生み出されてき
た。こどもへの支援という側面からのアプローチだけでなく、介護保
険、障害福祉、医療の領域におけるケアを要する家族への支援、ケア
ラー支援の充実を期待したい。

　なお、2023年7月に示された第9期介護保険事業（支援）計画の基本
指針（社会保障審議会介護保険部会資料）では、ヤングケアラーを含む
ケアラー支援の強化が盛り込まれている。筆者はもともと高齢者福祉、
大人の家族介護者問題を専門としてきた。介護保険制度では家族介護者
支援は地域支援事業の任意事業という位置づけであり、支援内容も家族
介護者の抱えるニーズを満たし、生活、健康上等の問題を解決するとい

うよりは、「介護を継続するための支援」にとどまってきた（濱島2018）。大人のケアラーが十分な支援を得られていないことは、こどもがケアを担うようになるきっかけのひとつである。大人のケアラーが抱える問題のしわ寄せが、こどもにまで及んでいると言い換えることができる。ヤングケアラー支援はケアラー支援とともに進める必要がある。

　今回、第一法規株式会社編集第二部柄沢純子氏からは、自治体職員が、ヤングケアラーへの支援について、多部署間連携のアプローチで支援を実施している事例を知ることにより、ヤングケアラーの認知から、適切な機関への引き継ぎ、支援までのノウハウが得られ、支援の手がかりがつかめるようになる事例解説書を作りたいとの依頼であった。そこで、国の動向およびヤングケアラー支援について早くから取り組んできた自治体、民間団体、ソーシャルワーカーの事例を紹介した。筆者の力不足のため、その価値を十分に示し切れていない点もあると思うが、そこはご容赦いただきたい。また、現在進行形で意欲的な取組を展開している自治体、団体は他にも数多くあるであろう。それぞれの英知を結集させ、ヤングケアラーと大人のケアラー、そしてケアを要する者が幸せに暮らせる社会を目指していくための一部に、本書がなることができれば幸甚である。

　最後に、資料の提供、原稿の確認等、ご多忙のところご協力くださった神戸市、大阪市、兵庫県の担当部署、担当者の方々、また貴重な事例を提供してくださった関係機関の方々に、心より感謝申し上げる。

濱島　淑恵

本書の一部は科学研究費補助金（課題番号20H01606）の助成を受けたものである。

参考文献

第 1 章

- 株式会社日本総合研究所（2021）「ヤングケアラーの実態に関する調査研究」
- 厚生労働省（2022）『令和 4 年版厚生労働白書』
- 澁谷智子（2022）『ヤングケアラーってなんだろう』ちくまプリマー新書
- 澁谷智子（2017）『成蹊大学文学部紀要』第52号「ヤングケアラーを支える法律－イギリスにおける展開と日本での応用可能性」
- 濱島淑恵（2021）『子ども介護者－ヤングケアラーの現実と社会の壁－』角川新書
- 毎日新聞取材班（2021）『ヤングケアラー－介護する子どもたち－』毎日新聞出版
- 三菱 UFJ リサーチ＆コンサルティング株式会社（2018）「ヤングケアラーの実態に関する調査研究」
- 三菱 UFJ リサーチ＆コンサルティング株式会社（2019）「ヤングケアラーへの早期対応に関する研究」
- 三菱 UFJ リサーチ＆コンサルティング株式会社（2020）「ヤングケアラーの実態に関する調査研究」
- 有限責任監査法人トーマツ（2021）「多機関連携によるヤングケアラーへの支援の在り方に関する調査研究」
- 有限責任監査法人トーマツ（2022）「市区町村におけるヤングケアラー把握・支援の効果的な運用に関する調査研究」
- 有限責任監査法人トーマツ（2022）「ヤングケアラーの支援に係るアセスメントシートの在り方に関する調査研究」

第2章

- ・大阪市・宮川雅充・南多恵子・濱島淑恵（2022）「大阪市中学校生徒を対象としたヤングケアラー実態調査（家庭生活と学校生活に関する調査）調査結果速報」
- ・大阪市・大阪市教育委員会・宮川雅充・南多恵子・濱島淑恵（2022）「大阪市立中学校生徒を対象としたヤングケアラー実態調査報告書（家庭生活と学校生活に関する調査）」
- ・大阪府福祉部地域福祉推進室地域福祉課・濱島淑恵・南多恵子・尾形祐己（2023）「令和4年度　ヤングケアラー支援に向けた実態調査の結果について【速報版】」
- ・厚生労働省老健局（2023）「社会保障審議会介護保険部会第107回資料1-1基本指針の構成について」https://www.mhlw.go.jp/content/12300000/001119105.pdf 最終閲覧日2023年8月20日
- ・澁谷智子（2018）『ヤングケアラー──介護を担う子ども・若者の現実』中公新書
- ・日本ケアラー連盟ヤングケアラープロジェクト（2015）「南魚沼市ケアを担う子ども（ヤングケアラー）についての調査《教員調査》報告書」
- ・濱島淑恵（2018）「家族介護者の生活保障－実態分析と政策的アプローチ－」旬報社
- ・濱島淑恵・宮川雅充・南多恵子（2023）「子どもがケアを担う背景・要因の検討－高校生を対象としたヤングケアラーに関する質問紙調査－」『社会福祉学』第64巻第1号，31-45
- ・三菱UFJリサーチ＆コンサルティング（2021）「令和2年度　子ども・子育て支援推進調査研究事業　ヤングケアラーの実態に関する調査研究報告書」

・宮川雅充・濱島淑恵（2021）「ヤングケアラーの生活満足感および主観的健康感——大阪府立高校の生徒を対象とした質問紙調査」『日本公衆衛生雑誌』68(3)，157-66.

・宮川雅充・濱島淑恵・南多恵子（2022）「ヤングケアラーの精神的苦痛：埼玉県立高校の生徒を対象とした質問紙調査」69(2)，125-135

・有限責任監査法人トーマツ（2022）「令和3年度 子ども・子育て支援推進調査研究事業 多機関連携によるヤングケアラーへの支援の在り方に関する調査研究報告書」

・有限責任監査法人トーマツ（2023）「令和4年度 子ども・子育て支援推進調査研究事業 市区町村におけるヤングケアラー把握・支援の効果的な運用に関する調査研究報告書」

・Young Carers Research Group, Loughborough University.（2016）The lives of young carers in England Qualitative report to DfE 2016. Department for Education 2016.

執筆者紹介

内尾　彰宏（うちお　あきひろ）

前・厚生労働省子ども家庭局家庭福祉課虐待防止対策推進室室長補佐。
警察庁から厚労省へ派遣期間中、児童虐待防止のための児童福祉と警察
との連携、ヤングケアラー支援のプロジェクトチーム事務局業務、予算
要求、国会業務、自治体向け研修での講演、有識者との勉強会等に従
事。雑誌への掲載、新聞やラジオへの出演等多数。2023年2月から奈良
県警察本部刑事部。

濱島　淑恵（はましま　よしえ）

大阪公立大学大学院現代システム科学研究科准教授。大阪歯科大学医療
保健学部客員教授。
家族介護に関する研究に取り組み、2016年に全国初の子どもを対象とし
たヤングケアラーに関する質問調査を実施した。2019年にヤングケア
ラーの当事者会「ふうせんの会」を有志とともに立ち上げた。2020年
度、2021年度の国によるヤングケアラーに関する全国調査のメンバー。
現在、神戸市こども・若者ケアラー支援アドバイザー、大阪市ヤングケ
アラー支援に向けたプロジェクトチーム会議アドバイザー等を務めてい
る。主な著書に『子ども介護者－ヤングケアラーの現実と社会の壁－』
（角川新書）がある。

黒光　さおり（くろみつ　さおり）

社会福祉士。公認心理師。特別支援教育士。元ヤングケアラー。
14年間の生活保護ケースワーカーを経て、兵庫県内の小・中・高校でス
クールソーシャルワーカー、キャンパスカウンセラーとして勤務。ヤン

グケアラー当事者会や「ティーンズビストロ」などヤングケアラーを含む小中高生の当事者活動の場を運営。新聞・NHKテレビ・厚労省ヤングケアラーホームページ等出演。こども家庭庁ヤングケアラー支援の効果的取組に関する調査研究検討委員会委員、こどもの心の健康に関する調査研究事業有識者会議委員。

南　多恵子（みなみ　たえこ）

関西福祉科学大学社会福祉学部社会福祉学科准教授。社会福祉士、精神保健福祉士、保育士。

2023年5月まで「特定非営利活動法人ふうせんの会」理事・事務局長を務め、現在は常務理事。社会福祉法人大阪ボランティア協会に就職後、教育機関や福祉施設勤務を経て、2023年4月から現職。ボランティアコーディネーションや社会福祉法人における地域福祉推進全般を研究領域とし、2017年からは濱島らのヤングケアラー研究チームにも参加している。

サービス・インフォメーション

―― 通話無料 ――

①商品に関するご照会・お申込みのご依頼
　　　　TEL 0120(203)694／FAX 0120(302)640
②ご住所・ご名義等各種変更のご連絡
　　　　TEL 0120(203)696／FAX 0120(202)974
③請求・お支払いに関するご照会・ご要望
　　　　TEL 0120(203)695／FAX 0120(202)973

●フリーダイヤル(TEL)の受付時間は、土・日・祝日を除く
　9:00～17:30です。
●FAXは24時間受け付けておりますので、あわせてご利用ください。

自治体のヤングケアラー支援
―多部署間連携の事例からつかむ支援の手がかり―

2023年10月25日　初版発行

編　著　内尾彰宏・濱島淑恵

発行者　田　中　英　弥

発行所　第一法規株式会社
　　　　〒107-8560　東京都港区南青山2-11-17
　　　　ホームページ　https://www.daiichihoki.co.jp/

自治体ヤンケア　ISBN978-4-474-09250-1　C2031(2)